图书在版编目（CIP）数据

一本书读懂项目管理 /（美）保罗 · J. 菲尔丁著；郑晓梅，宗欣瑜译.
—北京：中国青年出版社，2022.5
书名原文：HOW TO MANAGE PROJECTS: ESSENTIAL PROJECT MANAGEMENT SKILLS TO DELIVER ON–TIME, ON–BUDGET RESULTS
ISBN 978–7–5153–6589–3
Ⅰ. ①一… Ⅱ. ①保… ②郑… ③宗… Ⅲ. ①项目管理—基本知识 Ⅳ. ①F224.5
中国版本图书馆CIP数据核字（2022）第045224号

一本书读懂项目管理

作　　者：〔美〕保罗 · J. 菲尔丁
译　　者：郑晓梅　宗欣瑜
策划编辑：翟平华
责任编辑：刘宇霜
文字编辑：吴梦书
美术编辑：张　艳
出　　版：中国青年出版社
发　　行：北京中青文文化传媒有限公司
电　　话：010–65511272 / 65516873
公司网址：www.cyb.com.cn
购书网址：zqwts.tmall.com
印　　刷：大厂回族自治县益利印刷有限公司
版　　次：2022年5月第1版
印　　次：2022年5月第1次印刷
开　　本：787 × 1092　1/16
字　　数：185千字
印　　张：15.5
京权图字：01–2020–1306
书　　号：ISBN 978–7–5153–6589–3
定　　价：69.00元

目 录

第 1 章

成功管理项目涉及众多因素

“刚才你给我们简要介绍了成功解决复杂问题的过程。如果我们选择做好其中的一件事（或者其中几件事），就能让我们取得成功。那我们该做哪些事呢？”每次我作报告之后，总会有人自作聪明地提出上面的问题。貌似这就是人类的天性。大家总以为，只要找准那么一件事或几件事，做好一些简单的事情，就能找到成功的秘诀，成功就尽在掌握之中。

每每被问及于此，我就会摘下腕表，或者掏出怀表，推到桌子的另外一边。我有收藏老式机械镂空表的习惯，仔细观察这些表，我们能看到里面的齿轮、摆轮、擒纵轮、发条，还有其他零件，它们严丝合缝，密切配合，记录着我们度过的分分秒秒。于我而言，它们是活的艺术品。

我一边把表放在桌子上，一边问那个“吝啬鬼”：“看看这些齿轮，你觉得把哪几个拿出来，能显示时间？”显然这个问题问得很荒唐。少了其他部件，哪个零件都没法显示时间。只有所有零件各司其职，相互配合，手表才能显示时间。

项目要想成功，也是如此。仅凭一个人单打独斗是不行的。必须将项目相关因素默契配合，发挥好各自的作用，才能成功。这有点像定制手表，项目经理就是钟表匠。当然，他得用好各种原理、技能、经验、知识、工具……但是，因为是定制，没有“套路”可依，所以他必须直面挑战，自己想出解决办法。阅读这本书，你可以学到知识、开拓眼界、学会原理、提高洞察力，从而可以更好地迎接挑战，管理好复杂的项目。

如何使用本书

这本书很实用。首先，我们会梳理项目管理的一些基础知识，并探讨其应用价值。接下来，我们将明确哪些因素可以将一项工作上升到项目的高度。一旦一项工作成为项目，这意味着什么？之后，我们将探讨不同的项目模型，以及质量计划、人员配备、成本管理和项目进度管理（项目时间管理）等相关的问题。本书不能替代执业资格考试用书，但却是一本实用的入门读本，可以帮你管理好手头的项目。

如果你对项目管理一无所知，只是出于兴趣拿起这本书，想看看自己是否适合做项目管理——欢迎阅读本书！我建议你从头开始，逐章阅读，从基础学起，学习项目管理的理念，培养项目管理思维。接着再从头到尾读一遍，重点看看最后一章，先用学到的理论管理小项目，积累一定经验。然后，不断吸取经验教训，把项目越做越好！

如果你突然要负责一个项目，又感觉无从下手——欢迎阅读本书！很多人都有过这样的经历。本书的内容很实用，可以指导你、帮助你。觉得在哪个方面吃力，你就可以直接跳到相关章节来救急。当然，项目管理受众多因素影响，项目出现了问题，基本上不会是单个因素的问题。所以，我建议你花些时间把这本书的其他部分也翻一翻，你会更有全局观，你的整体水平也会提高。

如果你已经是一位经验丰富的项目经理——欢迎阅读本书！或许你一直想提高自己的管理技巧和能力，或许你不想只会使用工具，也不想只懂那些流行一时的观点，而是想学习历久弥新的理念，那读这本书就对了，这本书中的内容能够经得起时间的考验。所以，不管你正在用什么管理工具，本书提出的原则都可以指导你提高效率。或许书中的不少内容你已经了然于心了，不过你可能能从书中找到自己没有考虑到的地方，或许你可以根据本书的框架，形成系统思维，不断改进完善项目管理。

无论你当前处于什么样的水平，本书都能帮你对项目管理有更深入的了解，掌握更实用的技巧。要想管理好复杂的项目，只做好一件事或几件事还不足够。你必须考虑很多方面，运用很多基本原则，找到平衡点，并制订行之有效的解决方案，而通读这本书，你就能得到这一切。

第 2 章

当项目经理的帽子突然戴到你的头上，你需要掌握哪些技能

想象这样一个场景：你坐在会议室里，旁边坐着些同事，他们都是大人物，对你的职业生涯有着举足轻重的影响。你刚刚提了几个不错的点子，得到了众人的认可。大家一致通过了你的行动计划。大家心里暗暗想，目标已经很明确了，就是不知道具体该怎么落实。

领导直视着你的眼睛说："这个项目很重要，我认为你抓住了问题的关键，项目成功就靠你了。"他环视一周，问道："大家同意吗？"众人沉默不语。"太好了！"说完，他又看着你说，"现在项目经理有了！还有其他需要讨论的吗？"他稍稍停顿了一下，"好，散会吧。"他一边飞快地收拾东西，一边说，"我得去赶飞机了，两周后见。"然后，他又笑容满面地对你说："这可是个好机会，加油干吧，把项目拿下来，大家一荣俱荣，一损……算了，现在先不谈这个了。"你脑袋里瞬间一团乱麻，一时竟说不出话来。你想把大家叫住，但大家已经往门口走了。领导也跟着其他同事往外走，出门前他回头对你说："你先拿出一个计划，等我回来以后看，包括具体任务、进度安排，还有预算！回头见，好好享受吧！"说完，他们便离开了。

上面的场景眼熟吗？很多人都碰到过这种情况：在没有任何准备的情况下，自己"意外"成了项目经理，不得不接管一个项目。而由此管理的项目也可能变成一场灾难。那么，如何避免这种"灾难"发生呢？如何管理好一个项目呢？

在接下来的章节中，我们会提供一些工具，帮助你解决上述问题。不过，我们讲的只是原理、概念、观点和方法，对你来说，可能有所裨益，但并非是全部成功的秘方，你必须根据自己的实际情况酌情调整使用。想要管理好项目，项目经理要掌握管理技能、运用合适的管理工具、了解相关的知识和信息、具备一定的管理经验，此外，我认为，个人的智慧也不可或缺。只有具备了上面的素质，在面对种种挑战和问题时，项目经理才能厘清思路，找到解决方案。

让我们先来谈谈两个问题：什么是项目？什么是项目经理？

什么是项目

当我们提到“项目”这个词时，我们究竟是指什么呢？如果是在学习语言，那查字典不失为一个好办法；如果你想分析不同词汇的细微差别或是想做研究，那就得理解“项目”这个词的学术概念。不过在这里，我们得知道商界通常是如何使用这一术语的。

某个工作是不是项目？是否需要配备项目经理？一般要看这个工作是否具备七个特征。其实总共有八个特征，不过，因为第一个特征太基础了，所以，我把它称作特征零，即所有项目都是临时性的工作。当然，并不是说临时性的工作就是项目，但如果工作不是临时性的，而是像维护和运营之类的工作，需要长期投入，那这种工作肯定不是项目，不属于本书研究的范围。首先一定要把这一点牢牢记住。现在，请看表2.1。里面列出了八个特征，可以判断一个工作是不是项目。

表2.1　一项工作应具备哪些特征才可以被看作项目

考量特征	逻辑测试	
0. 是不是临时的	否	是
	这项工作具有永久性、持续性（如维护和运营之类的工作），不是项目	这项工作具有临时性。但是否为项目，还需要根据特征1—7进一步判断
一个普通人能独立完成吗？		
1. 需求能够定义或明确目标	是/继续	否/这项工作是项目
2. 在规定时间内安排各步骤	是/继续	否/这项工作是项目
3. 协调人员、供给、设备、物流等各项资源	是/继续	否/这项工作是项目
4. 确保遵守各项规范、规章制度和评估标准，符合监管机构的要求	是/继续	否/这项工作是项目
5. 涉及创造、制造、配送或安装	是/继续	否/这项工作是项目
6. 需要跨组织或跨团队合作	是/继续	否/这项工作是项目
7. 如果1—6的答案均为“是”，则把它们放在一起考量	是/这项工作不是项目。它或许意义重大，但我们不称其为项目	否/这项工作是项目！
如果1—7中有任何答案为“否”，且0的答案为“是”，那么这项工作是项目		

当我们逐一对照表2.1中的8个特征后，我们发现，如果没有外力帮助，靠一个人单打独斗，无法轻而易举完成这些任务，那这个工作就可以称为项目。也就是说，项目有一个重要特点，那就是，仅凭一个普通人的个人能力无法完成。一旦认识到这一点，以下事实也就不言自明了：想要项目成功，就需要借助外力，如工具、方法、实践和其他辅助工具……以补足个人能力所不能及之处。在接下来的章节中，我们会讲解一些原理，指导你使用相关的工具和方法。

根据我们对项目的定义，如果某项工作上升到项目级别，就需要为其配备项目经理。组织常犯的一个典型错误是，任由一项活动发展为项目，却未能及时发现，也没有正式任命项目经理加以管理。我想你肯定知道是怎么回事：一开始只是一些小事，所以有人会觉得，领导者一个人的领导或管理能力"应该"足以应对了；可是，随着事情不断向前发展，接手工作之后，我们才发现……这是一个项目！管理这个项目还需要工具、资源、特殊技巧和团队等各种辅助，远超出初始预期。领导者会逐渐意识到，仅凭一个人单打独斗，根本成功不了。没错，他们管理项目确实是出于意外，但是如果在项目进展的过程中，意识不到自己项目经理的身份，意识不到要对项目进行恰当的管理，而是"走一步看一步"，那么就免不了产生混乱和种种问题。

◎ 对于项目经理精辟且实用的定义：他们是超级英雄

成功的项目经理往往如同现实生活中的超级英雄（至少在本书中是如此）。一方面，他们要收集数据、制订计划、跟踪活动进展、研究是否同意变更，并消除相关影响等。就如同超人具有的另一个身份克拉克·肯特一样，他们看上去像个性格温和的记者，只不过他们每日汇报的不是新闻，而是项目进度罢了。

接着，意外出现了，麻烦降临于"项目之都"，项目经理像超人一样赶来救援。他们能够看见各种活动之间的创新性联系，仿佛是一瞬间，他们就可以制订出针对性的解决计划；他们会用X光般敏锐的目光审查项目需求，巩固验收标准的薄弱之处，找出团队必须解决的问题；他们安排活动进度，与各部门互动，鼓舞组织成员士气，保证团队高效、顺利运转，如同高速前进的火车头一般，以惊人的能量向前发展。让我说得再清楚一些，项目经理负责安排、管理上面提到的所有事情，引领项目获得成功。从项目经理要做的所有事情来看（其他事情我们会在接下来的章节中详细讲述），对于一个组织来讲，一名成功的项目经理的重要性堪比超级英雄。

◎ 自我盘点：我是否具备成为项目经理的特质

能否成为成功的项目经理也取决于你的性格，取决于你如何思考问题、如何解决问题、如何与人交往。这些软技能属于人事管理技巧，对于项目经理的成功举足轻重。许多项目管理“科学”都强调项目经理必须做好需求审核、施工方案制订、项目进展汇报等工作，但这些都只停留在技术层面。归根结底，项目管理最重要的是人。不管是什么项目，人都是实现项目管理目标的关键所在。一旦涉及人，就离不开这些所谓的“人事管理”软技能，因此，项目经理的性格、对待他人的态度、为人处事的方式，对于项目的成功至关重要。

现在，让我们回到开篇的场景。想象在会议结束之后，我们见了面，在一起喝杯咖啡，或是吃顿晚餐。我们像朋友那样聊天，你告诉我你很高兴得到这次机会，但却觉得有些力不从心。这个项目备受瞩目，你问我自己是否有足够的能力来完成这项工作。既然如此，我们不妨探讨一下成功的项目经理应该具有哪些性格特点。

没错，你擅长组织，既能从全局中发现重要细节，也能从细节出发构建全局；你善于沟通，善于倾听，能梳理、总结、概括别人的思想，往往比他们自己表达得还要贴切；你善于表达，无论提出什么想法，你总能表述得清晰易懂！你富于创造力，在其他人苦思冥想不得其解的时候，你却总能创造性地提出解决方案；而且，你情商高，智商也高，所以我们才能成为朋友，在一起聊天。你洞察入微，能够察觉到身边人的压力，也知道如何在高压下与他们合作；你还知人善任，能把合适的人选召集起来，共同完成工作。你自律性强（你知道大家会观察你的一举一动，其实他们是在观察你），所以他们信任你。朋友们发生争执时，都会找你来调解，因为你似乎有种魔力，总能让他们重归于好。你无畏冲突，对你而言，冲突只不过是管理的一个好机会罢了。变革亦不会使你退缩，实际上，你把变革看作是成功的必由之路，而你自己常常是变革的推动者，因为你知道，人人渴望变革。为了实现目标，我们必须走上变革之路，而你会披荆斩棘，带领我们走向成功。

然而，尽管你有上述种种优点，你还是想知道，你是否具备成为一名优秀项目经理的特质呢？是对专业软件公司新推出的管理工具了如指掌，还是能够熟练应用时下最流行的管理方法？你心里清楚，自己并非专业的项目经理，因此你想知道，要成为一名优秀的项目经理，肩负起管理项目的重任，首先需要考虑什么。

首先要强调的是，尽管一些职业项目经理和教材会抛出各种工具、术语和技巧，让人眼花缭乱，但是项目经理的成败，往往取决于他们与他人合作的能力。

项目经理的情商对成功至关重要。1936年，戴尔·卡耐基在其经典著作《人性的弱点》中指出："一个人之所以在商业上能成功，专业技术和知识只占到了15%，而'人事管理'能力，也就是人格魅力和领导才能则占到了85%。"多年来，许多人对这一说法进行了研究。

尽管研究数据有些许出入，但总体观点大致相同：情商，也就是你与他人合作的能力，对成功的影响远大于专业技术。当然，专业技术很重要，不可或缺！不懂专业技术，就谈不上成功。

不过，从某种程度上来说，专业技术更像是买得到的商品。更娴熟的技术能力肯定会对工作有所帮助，但在解决问题时，一旦具有了一定的专业技术，软技能就成了区分项目经理优劣的关键性因素。

在过去，项目管理领域强调的多是各种管理工具、技巧和体系，而近来研究表明，人们以前低估了“软技能”对项目的影响。表2.2是用于检查软技能的清单，对于成功的项目经理来说，这些软技能十分重要。

表2.2　项目经理软技能检查清单

性格特点	是 一般 否
他们有条理吗？ ● 他们做事是否井井有条？ ● 他们的行为举止是否有条不紊？ ● 他们是否可以高效推进工作？也就是说，他们是会阻碍工作进展，还是会推动工作进展？ **他们善于沟通吗？** ● 他们善于倾听吗？在重述发言者的话，或向其他人转述时，他们的表述是否清晰？ ● 他们可以高效理解，处理视频、书面等材料吗？ ● 他们能从听过或读过的内容中提取要点吗？ ● 他们能简洁地向听众陈述有说服力的观点吗？ **他们有创新能力吗？** ● 他们能找到创造性的解决方案吗？ ● 他们具有解开谜题的技能吗？	

续表

性格特点	是 一般 否
他们可以有效进行自我监督吗? ● 他们是否了解团队成员是如何看待他们的一举一动的? ● 他们是否很容易得到他人的信任? **他们有良好的品格吗?** ● 他们值得信赖吗? ● 他们能保守秘密吗? ● 他们很少说别人坏话吗? **他们可以处理冲突吗?** ● 他们能否解决冲突，或者通过协商化解冲突? ● 面对问题，他们能否从不同的角度进行解读? ● 他们倾向于妥协还是协同合作? **他们可以应对变化吗?** ● 他们乐于接受新事物吗? ● 他们可以解决前所未见的问题吗? **他们善于交往吗?** ● 他们喜欢与别人合作吗? ● 他们容易与他人建立联系吗? ● 他们积极向上吗? ● 他们会为周围的人带来快乐吗?	

续表

性格特点	是 一般 否
他们善于决策吗？ ● 在做决策前，他们是否会尽力搜索、掌握所有相关信息？ ● 他们能否在规定的时间内做出决策？这意味着他们必须要在即使没有掌握全部信息的情况下也要做出决策？ **他们善于平衡吗？** ● 他们能平衡商业中不同的需求吗？ ● 他们能平衡生活中的不同需求吗？ ● 他们能平衡工作和生活吗？	

笔　记

1. 有些人认为有条理是一种专业技能。我明白他们的意思，但我还是认为有条理是一种思维模式，与软技能相适应，因此将其放于此处。
2. 项目经理会接触大量的敏感信息，因此必须做到守口如瓶。
3. 总是说别人坏话的人，往往无法成为合格的项目经理，因为他们总是推诿责任；而成功的项目经理则会发现他人的优势，并利用这些优势推动项目成功。
4. 妥协并不是什么好事。妥协意味着所有人都会有些不高兴。协同合作才能让各方都满意。
5. 给某人一个无法解决的问题，看着他们是如何处理的。我认为可以借此一窥他们未来将如何处理项目中的问题。不过这还只是个想法。

这个表完整吗？没有！里面有没有你想改动的地方？肯定有！这就是写书的问题。我在写书时总是觉得，思想一旦变成文字，就被固化了。要是我们能当面交流，或是和同事们一起头脑风暴，该有多好！那样我们就可以一起列出一份清单，把成功所需要的所有人事管理技能都总结出来。不过好在，很多技能对于各类组织都是通用的，以此作为起点也不错。但是，具体哪些技能有效，很多时候，会因组织而异。在第3章中，我们会谈到对组织背景保持敏感的重要性。现在，看看这份清单，这就是你的起点，你可以在此基础上构建你的软技能。

如果你或多或少具备以上特征，人事管理技能也算得心应手，那么你极有可能脱颖而出。新技术层出不穷，此消彼长，但几千年来，人类的特性、人事管理技能似乎并未发生太大变化。因此，要是让我面试项目经理的话，我首先可能会借助类似上述清单的工具，判断他们是否具备这些软技能。如果他们的态度、人际交往技能和人员管理能力满足工作要求，满足组织要求，足以应对面前的挑战，那么在我看来，他们完全可以一边管理项目，一边学习相关知识和技术。对于他们来说，绝对不是难事。

>> 要点总结 <<

- 很多人突然发现自己变成了项目经理。或许是因为他们突然被委以重任，或许是因为他们负责的工作变成了项目。如果你发现自己正在管理一个项目，那一定要让其他人也意识到这一点，这样才能得到足够的重视，获得资源，才能把项目管理好。
- 我们认为，项目从本质上来说是临时性的工作，但具有一定的难度和复杂性。如果不借助工具，也没有外力帮助，一个人无法领导项目成功。
- 一个项目要想成功，在技术方面不能出问题。成功的项目经理要能够处理技术层面的问题，同时，还要具备人际交往能力、积极的态度、正确的做事方法，而且能够权衡各项目与要素间的关系。
- 最后，我想说的是，项目是人做的。想要成为一位成功的项目经理，你必须掌握丰富的人事管理技能，善于进行人员管理，善于激发其他同事或员工的动力。

第3章

项目经理在组织中的定位，项目管理办公室的职能

衡量一名项目经理成功与否，不能只看他能不能成功完成项目，还要看他能不能在组织中发挥作用。根据我们对项目的定义，项目不能靠一个人单打独斗，所以你必须充分利用组织的资源。想要知道你在组织中的定位，不妨寻求项目管理办公室（PMO）的帮助。

>> 项目管理办公室的不同叫法 <<

综观各家企业，同样的机构可能有不同的名字。单是项目管理办公室这个机构，我曾见过好几种不同的叫法，比如：项目绩效办公室（PPO）、卓越项目中心（PCOE），项目支持办公室（PSO）。有些企业给项目管理办公室起的名字超出了我的想象。有一次，我给一家公司做咨询，那家公司与航空航天毫无关系，却把项目管理办公室叫作“航空管制塔台”，把项目经理称为“飞行员”，将项目称为“航班”，并进而形成了一整套内部用语。

需要注意的是，本章用的各种术语可能有不同的说法。本书中所用的均为行业标准术语，也就是注册项目经理所使用的术语。如果你想深度认识，可以用这本书中的术语来查询。

如果你所在的组织有一定的规模，可能已经设有项目管理办公室，那么你一定要和项目管理办公室取得联系；如果你所在的组织还没有设项目管理办公室，许多问题则需要由你亲自解决。现在，我们先假设你的组织中设有项目管理办公室。

如果设有项目管理办公室

不同的项目管理办公室会有不同职能，但一般来说，项目管理办公室需要负责：

- 定义项目管理流程；
- 制定政策；
- 列出具体步骤。

也极有可能为你提供：

- 项目所需的管理控制规范；
- 组织使用的标准工具；
- 信息报送方法；
- 模板、清单等。

有些项目管理办公室甚至可能提供更多帮助，比如项目的历史数据、项目的数据库、标准规划时间库等。

无论项目管理办公室提供什么资源，请尽量用上！虽然不同组织有相似之处，但你在管理项目的时候，肯定会遇到一些特殊问题。你所在组织的项目管理办公室可能已经处理过类似的问题和情况，所以，一定要借助项目管理办公室的力量，吸取前人的经验教训，这样可以大大提高项目成功的可能性。

项目管理办公室主要有以下三种：支持型、控制型和指导型。不过，这里把各种类型理想化了，现实中的项目管理办公室不可能与描述完全相符。你可以把贵组织的项目管理办公室与此进行对照检查，了解它们的运作方式。

◎ 支持型项目管理办公室

支持型项目管理办公室仅提供支持。他们会为你提供模板、指南、信息以及培训，给你查询历史数据库的权限。通常情况下，你可以使用归档的所有文件。在项目一开始，他们可能会派人提供咨询服务，但只是出谋划策，并不会控制你的项目，也不为项目负责。如果你必须遵守某些行业准则、规章、条例或法律，支持型项目管理办公室极有可能会准备好相关信息，方便你使用。

>> 案例：计划去拜访潜在客户 <<

假设你准备出差，去拜访一位潜在的客户，此时，支持型项目管理办公室就像一位贴心的朋友，为你提供有用的建议。他们可能知道谁曾拜访过那位客户或者类似的客户，他们会提醒你出差的注意事项（比如，是否需要办理护照、签证，是否需要接种疫苗），告诉你报销要用哪种表格，也许还能帮你和租车公司、票务公司联系，拿到优惠价。

也许他们会为你提供用于提交费用报告的表单、记录和汇报模板，可能还会提供合同范本，作为签约模板。不过，你选择什么样的出行方式，途中具体怎么做，开会时怎么记录、怎么汇报、答应客户什么条件，全部由你决定。他们只会提供支持，你可以采纳他们的建议，也可以不采纳。总之，他们并不会劳神费力！不过，还是希望他们有所帮助。

此外，支持型项目管理办公室可能还会提供大量历史项目的相关信息。你的项目虽然独一无二，以往的项目或许与你的项目有相似之处，其他人是如何处理类似问题的？能不能把他们的成功经验用到自己的项目里？如果可以，直接照搬就可以！如果你正在考虑用某种方法解决问题，却发现之前有人用过类似的方法，却以失败告终，那你可以提前考虑换一种方法。

支持型项目管理办公室不会控制你，只会为你提供支持。如果项目管理办公室是这种类型，你在管理项目方面完全具有自主决定权。

◎ 控制型项目管理办公室

控制型项目管理办公室除了像支持型项目管理办公室一样，提供各种支持材料，还会控制项目的方方面面。如果项目必须遵守某些行业准则、规章、条例或法律，控制型项目管理办公室通常会列一张单子，你则需要向其证明项目符合以上种种要求。这种情况下，办公室极有可能会向你提供一些表格，让你按照固定的流程和方法进行汇报。此外，控制型项目管理办公室还要管下面的事情：

- 工具；
- 方法；
- 模板；
- 软件、数据库等资源；
- 开会要求；
- 汇报要求；
- 你必须采用的治理框架；
- 其他方面。

虽然控制型项目管理办公室会控制你应该做什么（也可能会列出“几不准”，比如，“不准直接与供应商联系，必须由采购部门与供应商联系”等），但他们通常不会插手项目管理细节。形式、框架、管理方式、总体安排、流程、治理结构、汇报方式等与项目管理相关的事务，都在他们的掌控之中。但是，项目任务、运作方式、执行项目、成果交付，这些都是你的责任！

>> 案例：计划去拜访潜在客户 <<

还是以出差为例。控制型项目管理办公室可能是个客户接洽办公室（CCED）。他们会告知你如何报销、选择哪家航空公司和租车公司，他们还会告诉你出差时不能做什么（比如，“公司不会报销酒水费用”）。订机票、订车还是得你自己来，出差的成败也得由你自己衡量。

如果你没听他们的，未预订指定航空公司的机票，事情可能就麻烦了，要是得不到“一把手”的批准，你的机票可能就报销不了。如果你擅自修改合同模板，未来可能要面对法律部一系列烦琐的审查。因此，虽然做什么你说了算，但怎么做就得听他们的。

◎ 指导型项目管理办公室

指导型项目管理办公室通常在公司内独立存在，其主管与公司其他部门的“一把手”级别一样，下面管着一些项目经理。公司每次启动项目，就会指定其中一位项目经理全权负责。从组织结构来看，他们是管理者，负责整个项目。

这种结构有诸多优势，能够确保：

- 整个组织可以通用并不断完善某种方法；
- 整个组织形成标准的术语和沟通方法；
- 使用可重复、可预测的流程；
- 使用通用的工具。

虽然这些事情对一个组织来说极为重要，但项目经理与管理层之间有一定的独立性。管理都有无人愿意提及的“阴暗面”。想象一下，你是“黑武士”的下属，要直接向他汇报。你敢告诉他你对他的计划没有信心？你敢直言他的计划有缺陷，

>> 案例：计划去拜访潜在客户 <<

再次以出差为例。假设贵组织的项目管理办公室是指导型的，我们暂且将其称为指导型客户接洽部（DCED）。一旦潜在客户成为客户，你所在的部门要负责维护客户关系，解决出现的问题。不过，在这种模式下，你无需事先亲自登门拜访潜在客户，也不用和他们协商谈判，联络事宜将由指导型客户接洽部负责。指导型客户接洽部将负责预订机票、酒店，确保相关的法律部门人员、管理人员参与其中。你的团队仍然负责相关技术层面的事情、会上要讨论的内容，在项目落地后，还要负责产品交付。

但是，联络客户、谈判、记录、汇报都由指导型客户接洽部负责。对许多组织来说，这种模式听起来很荒谬，但是一些组织确实采取了类似的模式。具体来说，有些公司这样做，就是为了避免产生诉讼、避免在关键问题上产生误解、确保安全、解决敏感问题。

他那不切实际的野心只能导致计划全盘失败？我相信我们不难猜到接下来会发生什么！希望你的直接领导不会是“黑武士”那种类型。不过，人类内心深处可能都有自己意识不到的“阴暗面”。让项目经理向不同组织汇报，可以减少这些“阴暗面”的不利影响。比如：

1. 项目经理不必担心因汇报坏消息而遭到报复。

2. 主管经理更难剥夺或削弱项目经理的职权。因为如果主管经理想要这么做，他们必须和指导型项目管理办公室同级别的同事对阵。

3. 如果指导型项目管理办公室很强势，那么项目经理还要参与评估项目参与人员的绩效，这有助于树立项目经理的权威。

当然，主管经理可能不喜欢这些制衡措施。他们可能认为，如果他们对项目的控制更直接，那么效率会更高。因此，这种类型的项目管理办公室虽有其拥趸，但亦有人诟病。

以上几种类型的项目管理办公室各有优劣，另外还有一些类型本书并未提及。不同组织可能会综合不同的模式和理念，建立其独特的项目管理办公室。重要的是你要确定组织里有没有项目管理办公室，至于是哪种类型不是首要关注的重点。只要有，就一定要用起来。

如果没有项目管理办公室，怎么办呢

如果你的组织中没有设立项目管理办公室，那么本应该由他们解决的问题，就需要由你亲自处理了。项目管理办公室本应明确项目经理的职能，毕竟任何项目的实施都离不开组织。因此，项目经理能否发挥其职能、项目运行是否良好，与完成项目目标同样重要。

有些关乎组织的问题，本应由项目管理办公室解决，但现在必须由你亲自处理。它包括：

- 以前有什么失败的教训？
- 组织有什么成功的经验？
- 组织的哪些政策和程序与你的项目相关？
- 你将如何与组织里的其他机构对接，它们又将如何与你对接？
- 你将如何与管理团队联系？
- 你将如何树立权威？如何维护权威（此外，你没有哪些权力）？

当项目真的出现问题时（这不是假设，而是一定会），你和你的团队将如何解决这些问题？在讨论指导型项目管理办公室时，我们提到，向主管领导汇报坏消息可能会对你的职业发展造成不良影响。不过，每个项目都有令人沮丧的时候。在那种情况下，组织会如何支持你？

现在，让我们回顾一下第2章开篇的场景。领导说：“这可是个好机会，加油干吧，把项目成功拿下，大家一荣俱荣，一损……算了，现在先不谈这个。”但是你需要谈这个——你现在就要思考这个问题。即便你事事都做对了，但所有项目都难免有不遂人愿之处，一旦出现这种情况，谁会是你的守护神，谁又能当你的防火墙？假设项目未能如愿（即便不是你的错），你对接下来的职业发展有什么规划呢？

除了要了解组织动态，你还需要了解一些项目实施基础。你将使用哪些工具？好用的工具不胜枚举，但是本书并不会推荐其中任何一种。我们认为，项目管理的原则永恒不变，严格遵守，项目才能成功。一旦你掌握了这些原则，几乎任何“顺手”的工具都可以满足需求。有些工具确实比其他工具要好，有些工具可以帮助你

>> 案例：计划去拜访潜在客户 <<

这次，假设贵公司无人负责客户联络。这种情况下，你就要找到合适的人手，按照组织的要求预订机票、酒店和租车；在与潜在客户谈判时，你一定要确保合同合法合规；你需要找到方法，汇报这次联络的情况；本应由监管部门负责的事宜，也将由你来处理。如果你想凭一己之力解决所有问题，那么极有可能出现各种纰漏。但是，如果你事先征求管理团队的建议，向经验丰富的人请教，则成功的可能性更大——尤其是在你的经理们看来。

提高时间/工作效率，但是工具在不断迭代，技术也瞬息万变，而使项目经理成功的基本原则却历久弥新，甚至称得上亘古不变。

你还需要根据你的工作环境决定使用哪种工具。如果没有项目管理办公室，你完全可以自行选择。组织内的其他人或固有的传统或许会对你的选择产生一定的影响。你可以先和同事咨询一下需要使用哪些工具。记住，要与他人和睦相处、团结合作，其他人的支持可以为项目成功提供重要动力。

快速浏览本书的目录。其中很多事情都应该由项目管理办公室为你筹划。在没有项目管理办公室的情况下，你则需要全盘考虑，此外你还要考虑进行基础建设，将你的项目和组织联系起来。没有项目管理办公室，你就要独自处理这些事情，治理团队或许可以提供一些支持。

我们将在第4章讨论治理团队。此时，将其视为管理层对你的监督和指导。你需要与管理团队（以及项目赞助方）一起组建适合的监督团队。这样一来，没有项目管理办公室，他们就是最佳顾问，可以指导你全面考虑。他们经验丰富，具有敏锐的洞察力，可以帮助你应对组织给你的重重挑战。

>> 要点总结 <<

- 项目经理只有在组织中才能发挥作用。仅仅完成任务还不够，项目经理还必须遵循组织的理念，这样才能成功。
- 组织中通常都设有项目管理办公室，为项目经理提供多种资源。尽管项目管理办公室有不同的类型，但所有项目管理办公室都会明确项目经理在组织中的定位，指导他们如何在组织的约束下实施项目。
- 每个项目管理办公室都不同，也未必会与我们讨论过的某种类型完全一致。不过，项目管理办公室主要有以下四种类型：

  ◇ 支持型项目管理办公室；

  ◇ 指导型项目管理办公室；

  ◇ 控制型项目管理办公室；

  ◇ 没有项目管理办公室（一切由项目经理负责）。
- 如果贵组织设有项目管理办公室，你应该充分利用他们提供的一切资源。他们会告诉你前车之鉴，帮你避开陷阱，也会告诉你可复制的成功经验。
- 如果贵组织没有设立项目管理办公室，那么本应由项目管理办公室解决的事情，都需要由你亲自处理。

第4章

项目治理

所有的组织都在按照一定的模式运转，而组织对其运转模式的控制，就是治理。如果不想受监管，或者故意反其道而为之，那就违背了组织的治理原则。任何项目都不可能独立于组织而存在。项目成功与否，治理是否有效是关键的决定性因素。也就是说，项目是否成功，负责项目治理的团队说了算！

你可能以为，既然项目治理这么重要，那人们肯定已经研究得非常彻底，肯定有大家普遍认可的最优做法，如法炮制即可。然而，事实并非如此，最主要的是你得搞清楚贵组织是如何进行项目治理的，在此治理框架下行事即可。

为了帮你厘清思路，我们先来看看一些最常见的项目治理问题。显然，基于前文所述，我们列出的问题不一定完整，这取决于你需要哪方面的帮助。

我们将聚焦以下方面的问题：

- 治理团队如何指导你应对各种规定、惯例和其他细节。
- 治理团队在组织中的定位，贵项目在组织中的定位。
- 治理团队的职能。
- 治理团队的组织模式（比如，治理团队中应包括哪些成员）。
- 与治理团队合作时的注意事项。

每个组织、每个项目都是独一无二的，项目治理团队也是如此。尽管学术界对治理团队的定义和标准尚不明确，但实际上，只要能够发挥治理团队的基本职能，就可以为你的项目增添一笔宝贵的财富。

治理团队的指导

在观看喜剧的时候，或者在听同事发牢骚的时候，总能听到这样的观点：公司制定的决策朝令夕改、不合逻辑，令人无所适从。不过，持这种观点的往往是治理团队外部的“门外汉”，他们没有看到公司决策需要考虑的全局，只看到了局部。事实上，治理团队只有从组织全局考虑，才能作出正确的决策，运转才能顺畅。要是决策总出问题，那组织早就关门大吉了！所以，首先必须明白这一点。项目经理要认识到治理团队对项目成功的重要性，要认真听从他们的指导。

◎ 影子治理

大多数组织都有显性治理，也就是通过各种成文的规定、做法和方法来管理组织。不管这些规定多么复杂、冗长，只要已经落在纸面上，一切都清清楚楚、明明白白。从理论上讲，你可以把所有规定弄个一清二楚，根据这些条条框框来实施项目。这样，从组织的角度来看，项目肯定会成功无疑。不过，组织里还存在着一些不成文的隐性规定，在这种情况下，问题就变成了：该用哪些规定？该什么时候用？千万不要以为不成文的规定就不算数。

每个组织中都存在着不成文的默契或规定，用于处理某些事情。因为这些流程不太见光，所以业务流程顾问将其称为“影子流程”。成文的规定适用于多数正常情况，而在出现特殊情况和异常情况的时候，这些显性流程往往就不适用了。如何处理此类问题，组织可能已经有广为接受的方法，也可能有约定俗成的办法，即便没有明文规定，大家也知道该怎么处理。虽然从表面上看，影子流程并没有成为规章制度，但组织内的成员都接受影子流程的存在。

>> 担任特殊项目的经理 <<

有时，组织会有意给予一些特殊的项目（或部门、项目组）更大的自由，让它们不受正常程序的约束。特殊的项目当然会有特殊的需求，需要使用特殊的方法和做法，项目经理必须直面这些问题。

你可能听说过有些部门不受公司管控，更了不得的是，它们的项目竟然拯救公司于水火之中。这些都是传说。实际上，无论项目多么特殊，都要纳入组织框架内，也必须受到监管。不受监管的项目只有两条路可走，要么立刻被纳入治理体系中，要么由组织宣告失败。为了保持组织的生命力，维护组织内的团结，无论是什么项目，无论项目是好是坏，都必须如此。在现实世界中，“特殊”二字不是随心所欲的通行证。为了确保项目成功，项目经理必须将特殊项目纳入组织的治理架构中，就算是特殊项目可以由“特殊”的治理结构来治理也不行。

特殊项目的管理本身就需要单独深入研究，本书没有涉及这方面的内容。如果你正在管理特殊项目，那我建议你再多做些研究，可以从凯利·约翰逊提出的14条原则与做法入手。这14条管理原则是凯利·约翰逊专门针对洛克希德·马丁公司鼎鼎有名的特殊项目部门提出的，人称“臭鼬工厂的14条管理原则”，是业内公认的特殊治理的典范（Johnson，2018）。许多公司和研究人员在凯利·约翰逊的基础上提出了自己的模型。

如果存在影子流程，那么我们就需要谈谈影子治理了。别担心，我们要讲的不是惊悚悬疑小说中的情节。所谓影子治理，是指组织内允许存在一些影子流程，并对其进行管理或控制的过程。举例来讲，有的做法或流程虽然违反了明文规定，但在某些情况下，在大家认可的特殊情况下，人们可以接受这样的做法或流程。而组织就要靠影子治理来掌控这些不成文的规定和流程，防止影子流程太过，也防止对业务造成无法弥补的损失。

◎ 显性或隐性、严格或宽松

谈起影子治理，我们可能就会觉得肯定管得更松。然而，在某些特殊情况下，事实恰好相反，可能管得更严。一些敏感客户，可能明确要求不用显性治理，而采用影子治理。

作为项目经理，我们不需要对组织的所有规定和细节都了如指掌，我们只要组建一个团队，让他们了解，让他们用真知灼见指导我们即可（见图4.1）。

在看图4.1时，请记住，不成文的规定可能比明文规定更严格，也可能更宽松。

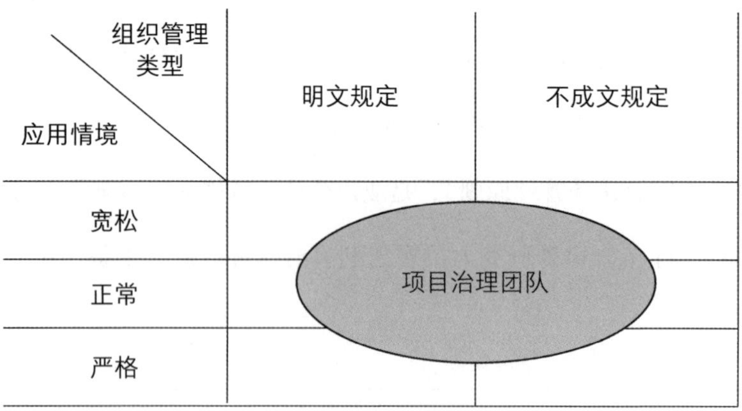

图 4.1　项目治理团队提供的指导

甚至该不该遵守明文规定，该如何遵守，可能都有一定的不成文规定。在图4.1中，不成文规定那一列还可以再细分为三列：如何应用明文规定、何时可以灵活把握、何时启用超级规则。图4.1虽然看起来很简单，只有三行两列，但轻轻松松就能扩展为3×4的矩阵，甚至可以进一步扩展。不过，你可以想想，每天什么时候用不成文规定，什么时候用明文规定，这样试着把一天碰到的各种情况归类。什么时候用明文规定，怎么用？什么时候用不成文规定，怎么用？项目要想成功，就得在这种复杂的局面中游刃有余。

为了应对这种复杂局面，项目经理必须建立强大的项目治理团队，其成员必须对组织文化有全面、深刻的洞见，这点至关重要。其他人可能觉得项目治理不合逻辑，矛盾重重，而治理团队的成员因其经验丰富、见解和观点独特，所以非常清楚项目该如何应对各种情况（他们可不是纸上谈兵）。与治理团队合作，就能发挥团队的智慧，实现“1+1>2”的效果。治理团队可以带领项目跨过雷区，越过种种细节的羁绊，到达成功的彼岸。

项目治理团队的定位与职能

了解项目治理团队在组织中的定位十分重要，这样才能为其配备合适的人手。有些组织规模较大，要同时做很多个项目，而且除了项目以外，还要保证日常运营。项目都是临时的，但企业和组织不是临时的。那么，项目运作和日常运营该如何相辅相成呢？

如果贵组织设有项目管理办公室，那就与办公室取得联系，他们掌握的信息可以回答上述问题。有很多模型将项目治理与组织治理融合起来，有些和本书描述的模型差异很大。但总的来说，项目治理在融入组织治理的过程中，大多要解决同样的问题，项目治理团队也会发挥相似的作用。

为方便讨论，我们引用了最常见的一个层级组织模型，这个比文字更简单、直观。不过其他模型中也同样存在定位与职能的问题，亟待解决。

◎ 治理团队的定位

图4.2展示了组织的整体治理架构，组织的责、权均已包括在内。所有信息均汇聚于此，所有指令均源自于此。

有些职能不在本书讨论范围内，我们统一放到左侧标有“其他职能”的小框

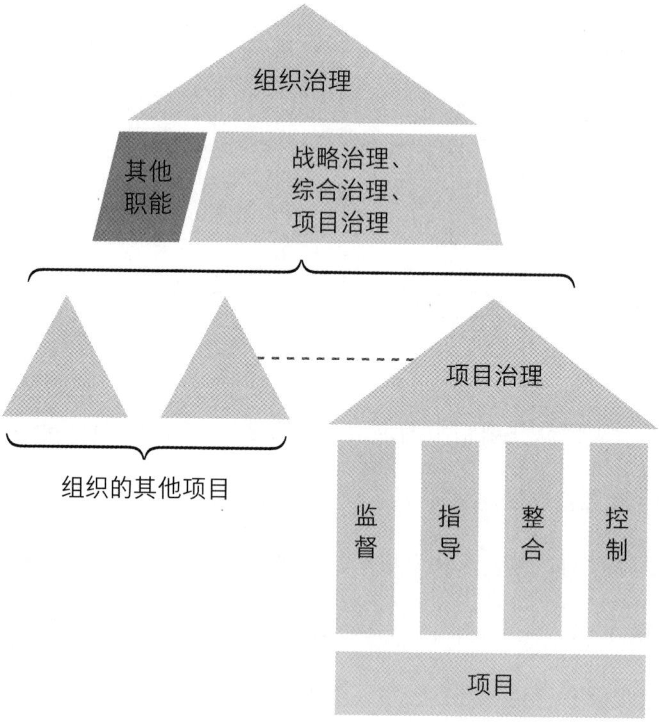

图 4.2 项目治理团队的定位与职能

里。在本书中，这些职能忽略即可。

在“其他职能”右侧，我们列了“战略治理、综合治理、项目治理”，这些职能可用于监管组织所有项目。监管可能是领导层的职能，也可能设立不同的部门，分别承担相应职能，或者兼而有之，取决于组织的规模。

职能因组织而异。全文阐述了公司治理结构、战略治理、综合管理/治理以及项目管理/治理的概念。这些问题都很重要，都需要组织解决。不过，作为项目经理，你必须要明白，这些职能对于项目管理很重要。具体来说，项目必须要符合组织的如下几方面：

- 总体战略；
- 整体规划；
- 项目考量。

组织整体上如何运行，除了给治理团队提供一定的信息，基本上与你无关。而治理团队应对组织的整体治理决策负责。所以，我们把项目治理团队归到公司/组织的战略治理、综合治理、项目治理框架之下。

◎ 治理团队的职能

我们既然把项目治理团队置于那样的位置，那就说明，治理团队还应该具有一个职能，治理团队必须要确定项目和组织整体战略与项目的关系。这样，项目就有了明确的边界和目标。

治理团队还要确定汇报要求，确定预算、时间表、未来技术等。所有这些事情你都需要知道，因为项目在组织的定位会影响到这些因素。

如图4.2右下角所示，项目治理团队具有各种职能，支持项目在组织中发挥应有的作用。项目治理团队的职能因理论、模型和组织而异。不过，通常情况下，项目治理团队一般具有监督、指导、整合和控制四大职能。

监　督

项目治理团队最基本的职能是监督，他们负责整个项目最基础的监督。虽然治理团队由组织内的高级管理者组成，但他们并不是超人，他们只能通过听取汇报来了解项目的进度！他们的职责，在于听取项目经理的汇报，了解项目进度。治理团队感兴趣的内容一般包括：项目进度、项目存在的问题、项目面临的挑战、项目绩效等。

在组建治理团队时，要和他们共同确定报告的格式，不但要包括你想让他们了解的信息，也要包括他们想要知道的信息，要把沟通交流最优化。要记住：他们是来帮助你的。如果你不为他们提供信息（尤其是项目遇到的困难、遭遇的失败，以及有何需求），他们就无法为你提供帮助。项目治理团队要想有效率，全面了解信息至关重要。

指　导

成立治理团队，就是为了指导项目走向成功。一定要记住：治理团队关注的是项目，而不是作为项目经理的你！卓有成效的治理团队可能比项目经理更有远见，更有见识，想要成功，就要多听听这些远见卓识。举例来讲，如果你向治理团队汇报了一种解决方法，而有人指出有更好的方法，那你一定不要错过这样的机会！如果你碰到了困难，有他们和你一起想办法，对你有利无害。还记得我们对项目的定义吗？做项目，靠一个人单打独斗是不行的。有团队指导你，帮助你，成功的机会可比你一个人孤军奋战要大得多！

治理团队在决策方面也可以提供指导。有时候，治理团队可能会就如何解决问题给项目经理提出反馈意见。有时，由治理团队直接解决问题效果可能更好。比如：

- 定义项目范围：在第5章，我们会指出，项目治理团队要发挥的一个关键作用，就是确定、批准项目的范围。
- 确定预算、审批费用，确定时间表。
- 项目验收：在许多组织中，在项目结束时，治理团队要负责验收项目，并负责结束项目。
- 批准（或拒绝）项目变更申请。
- 治理团队要监督、管理组织在项目中投入的资源。

作为项目经理，你每天要作出许多决策。有些决策无须项目治理团队经手，只需让他们及时了解情况就好；有些决策则可能需要他们认可同意。而在某些情况下，治理团队的决策权和权威对于项目成功至关重要。项目治理团队是特别好的资源，一定要充分利用！

整 合

我们在前文中提到，所谓向上整合，就是将项目置于组织的整体战略规划、综合规划以及项目规划中。为了保证项目成功，可能还会涉及跨组织整合的问题。

项目往往会横跨多个部门，甚至会横跨多个公司（例如，涉及从其他公司购买原料，向其他公司交付产品等）。在这种情况下，如何安排活动、调配人员，收集、使用、传播、汇报信息，都是项目治理团队的重要任务。举个例子来说，假设你需要寻求其他部门的帮助，那这个部门的员工可能要加入治理团队中。你需要弄清楚，他们参与到什么程度较为合适。协调不同部门、不同组织是项目治理团队的重要职能。

控　制

在这里，我们使用“控制”一词，意思是确保项目遵守相关的规划、政策、法规等（比如，遵守成文和不成文的组织内部规定，遵守其他法规、规定、习俗等）。项目该如何证明遵守了这些规定？该如何客观记录？

在这种情况下，治理团队应负责建立项目控制流程，并进行适当的审查，以确保项目合规合法。

治理团队的形式

在了解项目治理团队的职能后，就该组建团队了。要保证加入团队的人员符合以下关键条件：

1. 他们要有代表性，要有发言权。如果他们还要和别人请示，那这样的团队效率不会高。

2. 他们能代表所在部门，能够拍板。

3. 他们加入团队是为了使项目成功。

最后一点看似多余，不过从我的经验来看，项目治理团队中常常会有人跳出来反对项目。他们加入治理团队，就是为了扼杀项目（或许他们是想不那么明显）。如果出现以下情况，你可要小心了，这些都是经典的项目杀手。

- 分配到团队中的人（或重要参与者）与其他人处得不好。
- 分配的人没什么用。把这样的人分配到团队里，其实就是消极抵抗，会慢慢拖死项目。
- 有的部门明确反对这个项目，他们的口头禅常常就是“做不到”，这时一定要争取这样部门的支持。当然，有时候治理团队的成员会表现得很小心谨慎，这是有价值的。不过，支持项目的人在谨慎的同时，也会给出解决方案，他们可能会说："……但你可以……来解决这个问题。"要注意那些经常说"做不到"的人。

如果出现了上面的苗头，我建议你立即着手处理，最好能让他们派其他人来。

◎ 常见的角色

现在，让我们看看治理团队通常由哪些角色组成。

● 项目赞助人：他们往往负责项目预算，从本质上来说，没有他们的钱，没有预算，项目根本做不下去。

● 实际上，项目赞助人通常是项目的倡导者。不过，有的组织规模大，结构复杂，可能会由一个人提供项目资金，由另外一个人推广该项目的优势。在这种情况下，这个项目倡导者是项目理念、精神的象征，可以激励整个治理团队。

● 项目管理办公室代表是否参与，取决于项目管理办公室在组织中的定位。

● 关键利益相关者：通常，所有相关部门、服务机构或组织都会派代表加入治理团队。如果想从其他部门调用人手，那么治理团队里有这个部门的人，调动起来就很顺利。

● 客户代表：可能是客户本人。有时候不适合让客户本人参加会议，有时候客户是市场（"虚拟"的客户），这种情况下，客户代表是能够代表客户需求的某个人。审批项目范围、需求、变更订单，这些都是项目治理团队的重要职能，所以，如果没有人站在客户的角度，想客户之所想，那么团队就很难起到作用。许多不错的项目以失败收场，正是由于他们忘记了客户的需求。

● 项目经理（当然，也就是你）。

>> 黄金法则 <<

由谁来主持团队会议？这个问题颇有争议。实际上，项目经理最了解会议必须涵盖的内容，因此从实际出发，我倾向于让项目经理主持会议。但是，请记住黄金法则，由项目赞助人做名义上的会议主持人，再以听取项目经理的汇报以及解决他最关切的问题为主要议题，往往更为恰当。

◎ RACI思维

RACI代表四种角色，即责任人（Responsible）、负责人（Accountable）、被咨询人（Consulted）和被通知人（Informed）。它是责任分配矩阵（RAM）的一种类型，这个矩阵有许多不同的类型/体系。

简而言之，这个模型把项目相关的活动与关键参与者联系起来，评估每个人在活动中所起到的作用。

● 他们对此项工作负责。他们可以将工作委派给其他人，但他们必须确保有人把工作做完。

● 负责人：他们负责以合适的方式百分百完成任务。我个人认为，这一角色负责管理、监督任务。

● 被咨询人：你可以向他们咨询，获得更多信息，助力任务的执行。

● 被通知人：他们不会亲自参与活动，但如果不及时通知他们项目的进展，后期可能会出现问题。

此模型的使用范围很广。但在组建项目治理团队时，我会借助RACI思维。我会先审视各项活动，看这项任务该由谁来负责。比如说，管理者可能是治理团队中的关键人物。通常，这位管理者还应该监督实际做工作的人。如果没有这样一个人，我可能需要将管项目负责人的人纳入我的团队。

在谈论项目人员配备时，项目治理团队需要为你争取资源。需要有人把能做事的人分配给你，需要有人审批各项资源，这是治理团队的职能之一，因此，要确保团队里的某个人有相应的权力、能力和知识。

在考虑推进项目的时候，要知道谁拥有有用信息，要知道向谁咨询，这点很重要。他们可能不需要加入项目治理团队，不过在紧要关头，你得能找到他们，他们的建议或许能帮得上忙。

治理团队的构成并非一成不变，因为各类活动不会同时发生，也并不是所有关键人员都需要面面俱到参与项目的所有环节。你可能需要让不同的人分阶段加入，以应对项目当下的实际情况或未来的情况。

这样一来，“先有鸡还是先有蛋”的问题就出现了：你首先要有一个治理团队，才能帮助你确定在何时让何人加入治理团队。在现实生活中，解决这个问题通常要经过反复迭代。先与你现有的团队（比如，项目发起人、最初的关键人员等）一起工作，然后在项目进行的过程中不断加入需要的人员。他们何时何地加入比较重要，他们的加入为什么重要？当你让其他人加入团队时，你可能需要他们的意见来提升你的治理团队成员的能力和水平。

最后，你需要让某些人及时了解情况。项目出现混乱的一个典型原因就是相关的人没有得到及时通知。这些人通常不需要加入项目治理团队，只要向他们发送会议记录、进度报告、关键决策等就可以了。有时需要更进一步的跟进，确保他们读过并了解你发送的信息内容。

治理团队运营方面的注意事项

组建治理团队时，为了使团队运转良好，你需要考虑各种运营方面的注意事项。比如：

- 明确成功团队的定义；
- 召开有效、高效的会议；
- 建立团队关系以及良好的工作关系；
- 掌握演讲和沟通技巧。

决定治理团队会议成功（或失败）与否的要素与决定普通会议成功与否的要素相同，甚至更多！举例来讲，在举行项目会议的时候，我有时会停下来估算这场会议会花公司多少钱，包括福利、工资、隐性税、医疗以及其他费用，仅靠猜测估算就足够了。我将这些数字相加，然后除以 2000（大约是一年的工时），再将结果除以 60（1小时有60分钟），就能估算出这场会议每分钟要花公司多少钱。如果有几名高管参会，数字就更令人瞠目结舌了；要是再考虑这些人的影响，以及如果没在开会他们会做些什么……好吧，我想你明白我的意思了！

项目治理团队会议对于组织而言往往成本高昂。不过没关系！我说这个不是为了让你害怕，让你止步不前，而是想说明，治理团队中的人员之所以在这里开会，是因为他们是组织良好运作的关键。治理会议的费用必须花，因为项目需要有价值的指导。我们认为，与所有会议一样，重要的是尽力从这些会议中获得价值。

关于这一点，另请参阅第13章中有关向上汇报的内容。

◎ 给项目治理团队的警告

对于项目经理而言，管理治理团队会议可能有点像赶大象：会议上的大多数人比你拥有更多的组织权力，但是你必须集中管理他们。你与项目发起人（或这项工作的主要管理者）需要找到应对这种人员动态的方法，并决定如何主持会议等各项事务。此外，在估计项目的持续时间、费用/成本、资源需求或范围管理时，可能会有棘手的时刻。

在第8章中，请参见“估计活动开展时间”部分，尤其要注意关于规划谬误的部分，那时我们再来谈谈这些问题出现的原因。现在，你只需要知道，即使是专家也可能因为过于依赖自己的普遍观念，而低估项目的各个组成部分。作为项目经理，你要明白，在展现此类信息时，难免会有人（或者几个人）认为你完全高估各个组件了，他们无法接受。对于这些情况，需要为项目的治理团队设置特殊的基本规则，我们将在第8章中进一步介绍。但在这里，在考虑你的项目治理团队时，我们有些金玉良言相送。

对于达到结果所使用的方法、实践和程序，整个团队必须在一开始就达成一致，之后遵循议定的流程，接受结果。他们必须避免让自己的普遍观念凌驾于经研究计算得出的结果之上。

不妨让团队成员分析评判一下你们使用的方法，这种方式十分有效。他们可能知道其他方法，把任务完成得更快更好，花费也可能更少。这种检视对项目有好处！如果你可以让所有关系人关注流程，而不是估计本身，你的项目可以进展得更顺利，你也能免受停滞之苦，也能免去因有人因“直觉”而长期低估项目的成本、进度和范围之扰。

另外，如果团队中有人检视你的结果，并认为你低估了某些内容，那么这是一个严重的警告，意味着你可能错过了某些重要的东西。重视他们的警告，并再次确认你没有错过他们看到的东西。

◎ 项目管理铁三角

谈起项目管理，许多人只关注进度和预算，好像重要因素只有这两个而已。实际上，第三个相关因素——范围也同样重要。

在项目的持续时间、时间表或进度中，项目范围从根本上决定了资源（即预算和成本）的使用（在本书中，我们把“范围”当作“质量”的同义词）。传统的项目经理把时间/成本/范围，或进度/预算/质量，或把其中几项混合起来，作为项目管理铁三角。

最终，在项目治理会议上，争执预算、质量或时间表时，有人可能会听到传统项目经理说：“说出任意两个因素，我就能告诉你第三个。”他们能做到这一点，是因为这三个因素密切相关，就如同三角形的三条边。

- 如果你的资源和时间都有限，那么你能完成的事情也有限。事实也如此。
- 如果交付范围已经确定且无法更改，可用的资源和人员也已经固定，那么完成工作所需的时间是这些因素共同作用的结果。

关键在于，谈论时间和预算时，谈话中也一定隐含了项目范围。想节约成本？那就问问是否可以缩小范围。需要缩短时间？没问题，看看这次可以去掉哪些特征，下次可以增添哪些。在管理项目时，要始终牢记这种关系。

因此，必须由项目治理团队管控，并能使项目管理取得成功的关键因素是：

- 项目的预算/资源/支持；

- 项目的进度/时间表/交付日期；
- 项目的范围/质量/功能。

为了使项目成功，项目治理团队必须举全组织之力来解决这些问题，并且有权适当调整这些问题。

>> 要点总结 <<

- 组织控制自身的方式定义了治理的方式。违背组织治理，就是违背组织。如果组织治理宣布你的项目成功，那么根据定义，你的项目就是成功的。
- 通常，项目治理团队的四项职能是：监督、指导、整合和控制。
- 特殊项目是独特的存在，它们并非无人治理，只是治理的方式不同。和正常项目一样，它们的成败也由治理决定。
- 组织结构复杂，其中成文或不成文的规定，根据情况决定是否应用。不能指望单独某个人来应对这种复杂性。治理团队必须指导项目克服挑战，包括管理组织整体治理问题的复杂性。
- 项目的治理团队必须确定其章程，确定该项目在整个组织的战略、项目组合和项目集中的定位。通常由组织的高层来决定，如果没有高层，则由项目的治理团队解决这些问题。
- 治理团队配备的人员必须能够代表对项目成功至关重要的有关各方，并且可以解决项目中的所有组织问题。留心可能成为“项目杀手”的人。
- 不可否认，项目治理团队的成员是各自领域的专家，但他们容易受到规划谬误的影响。因此，一定要制定准则，以防规划谬误导致项目脱轨。

- 项目管理铁三角定义了关键因素，这些因素相互影响，定义你的项目。项目治理团队必须能够管控所有因素。

第 5 章

项目范围：定义、管理、调整项目的范围，避免范围蔓延

很多人认为，项目范围是指明确项目该做什么，包括项目的目标、合规规范、项目的特性、值得我们炫耀的性能要求、要达到的服务水平，以及项目应努力实现的目标。当然，这样的定义有其道理，不过我们在这里将从功利主义的、限制性的角度来定义项目范围。

对我们而言，范围是指项目的界限和边界，以及项目具有辨识性的特征。

基于此，我们可以更好地避免项目后期出现问题。对我们来说，界定项目的范围，意义就在于我们可以据此拒绝做某些事情，同意做某些事情。项目范围是制定决策的基础。

在本章中，我们将着重于以下几方面：

- 确定项目范围；
- 获得支持；
- 控制变化（防范“范围蔓延”）。

定义项目范围

可以将项目范围看作是虚拟的篱笆。在篱笆内（项目范围之内）是我们要做的事情，篱笆外（项目范围之外）是我们不能做的事情。

如果项目范围仅是单纯地陈述或定义项目的目标，那么我们可能会问，目标实现以后又该如何？如果实现目标是好事一桩，那么实现目标后再多做一点是不是更好呢？为什么不更上一层楼呢？在第6章中，我们将发现，实际上这种思考模式正是导致客户不满意的原因所在（和大众感知恰恰相反）。从定义的角度来看，项目都是暂时的。这就意味着项目必须有结束之时！所以，项目范围不仅明确了项目的底线，也就是项目必须实现的目标，而且明确了项目的上限，也就是项目的终结之处，项目不应该做哪些事情。

可以把项目范围想象为法律合同，项目范围也确实是法律协议的组成部分。规定项目范围的文本也有很多模板可用。如果项目管理办公室（PMO）有固定的模板或拟定办法，把模板要过来，好好学习，熟悉模板，使用模板。

在规定项目范围的文本中，通常要包括以下重要元素。

- 假设条件；
- 要求；
- 可交付成果；
- 验收标准；
- 限制条件和例外情况。

◎ 假设条件

在日常生活中，假设很重要。编写优秀的项目范围文档，其中一个重点就是要对假设直言不讳。在你作假设的时候，抛开那些有趣的陈词滥调吧！在确定项目的范围时，错误的假设对项目来说是很致命的。一定要记住，最容易的解决问题的办法就是避免问题发生。要避免项目产生问题，就需要明确假设条件。

所有规定项目范围的文档都要有一部分是假设。写这部分需要深入思考、反思，同时要有清醒的自我意识。在现实生活中，我们经常根本就不知道自己在作假设。所以，这部分就是让你意识到以前你没有意识到的事情。

通常，项目管理办公室的模板中会包括一系列假设，可能是根据从以前的项目中吸取的教训拟定的。每一个看似奇奇怪怪的假设背后，可能都是一个好故事！这就是为什么在第14章我们强调要花时间对项目进行总结，改进流程，为下一个项目做好铺垫。

即便你正在使用现成的模板，也要让团队审视项目的各项活动，找出其中隐含的假设。具有代表性的假设包括：

- 哪些资源可用（人力、材料、设施）?
- 财务方面是否存在假设（现金流、支付方式）?
- 供应商方面的假设（交货、信贷条款）。
- 将要使用的方法。
- 可用的技术（软件、平台、网络接入、计算机）。
- 架构和设计方面的考虑。
- 公差。
- 终端用户。
- 地理位置。
- 物质条件。
- 环境因素。

没有一个清单可以穷举所有内容。各行业的清单也不尽相同。每个项目经理可能都会有过“有谁能想到……”的情况，而他们往往吸取前面项目的教训，在后续项目中把这些假设明确写进去。所以，在编制项目范围文档时，要向有丰富的项目经验的前人学习，要运用他们的智慧，要和治理团队合作。如果你认为你已经写得很完备了，就先把文档放一放，然后再用全新的视角，重新审视文档，继续完善。要和团队成员合作，要让同行帮忙评审，要向行业内经验丰富的人请教。

>> 示例：电梯假设 <<

坐电梯时，你会作很多假设。你会假设检查员确定电梯很安全。你会假设电梯的设计能够确保电梯出现问题后，你不会突然坠亡。如果不作任何假设，如果你不是个运动员，你可能无法准时参加12楼的会议。

在明确项目的范围时，毫无根据地作假设会对项目产生致命的危害。如果你假设这部电梯可以把公司卖给客户的设备运到12层。如果在产品销售后，你才发现这台设备太重了，电梯运不了，而这栋楼又没有货梯，该怎么办？

上面这个问题和我之前给一个供应商解决的实际问题相类似。如果项目范围说明书没能明确一些关键的假设条件，那么运气不好时，会给许多人带来严重的后果。

解决问题最容易的办法就是避免问题的发生。这就需要把假设的条件明确下来。

◎ 要　求

本节详细说明项目需要做什么。对项目要求的描述必须充分、完整、准确、明确。

充　分

乍一看，好像挺容易，但是“充分”究竟是什么意思呢？这就要用试金石来检验。也就是说，如果把文档交给本领域的专业人士，他们能够理解这个项目的计划（不会产生疑问）。如果文档描述让人看不明白，那么文档的描述就不够充分。暗含的意思是，找一个具有相关知识、目光敏锐的人检查文档，听听他们的反馈意见。

完　整

“完整”这个词看起来简单，但你根本不知道“完整”这个概念做起来有多麻烦。“完整”就意味着一切都包含在内。如果要求里没有提及，那我们就不做。你可能经常会听到这样的话，“在我们这个行业，做了X，你就得把Y也一并做了。那你就得在假设条件里明确提出来！”（关于这一点，请参阅“限制、例外和不包括的事项”部分。）

为了确保需求提得很完整，你可能需要把需求细分一下。例如，同一个项目可能会有系统需求、整体需求、用户需求、维护需求等。按照不同的需求类型将文档分为不同章节，可有效确保需求的完整性。

准　确

把项目需求想象成一个镖靶。等你把需求都写入文档后，是不是所有任务都瞄准了靶心（而不是其他位置）？如果答案是肯定的，那么项目需求就很准确。如果发现项目有几个目标，那就要明确一下，是有意如此设计吗？如果不是有意这样设计，那就需要进行调整。如果是有意为之，就一定要明白，项目设置的“目标”越多，项目就越复杂，成功的可能性就越小。

明　确

在阅读文档时，每个人都会受阅历的影响。常言道，在人生不同阶段阅读莎士比亚的作品，每次都会得到不同的感悟。需求文档不应该像莎士比亚的作品。我们希望每个人，不管他们是谁，也不管他们在什么时候阅读需求文件，都能有同样的理解。如果不同的人对文档的解读不同，那就说明需求提得不够明确。找几个目光敏锐的人来审查需求文档。遵循下面的经典写作原则，可以让需求更明确。

- 一句话只表达一个意思。
- 避免使用过于笼统的语言，如适当的、一般来说、但不限于。
- 避免使用无法验证的词汇，如好、小、大、安全、对用户友好的、简单的。
- 避免使用笼统的条件，比如“必要时”。

如果审核人提出问题，询问某句话的意思，一定要认真倾听！单单他们有疑问这一点，就足以说明他们有疑问的部分需要重新起草。多花点时间挑挑文档的问题，并不断修改，日后会省下很多麻烦，节约很多经费。

◎ 可交付成果

项目可交付的成果几乎可以是任何东西。学者们将其称为小部件。小部件是假设的生产单位。小部件可以是有形的东西、产品、服务或期望的结果。小部件是个通用术语，可用以指生产的任何东西、产品和服务。要确定项目范围，明确小部件是什么是关键。

工作分解结构（WBS）

如果一个项目的范围是由可交付的成果或小部件定义的，那么小部件也可以由其组件来定义。这些组件可以进一步分解，并由其组成部分来定义。你可以想象，这个过程可以不断重复，直到我们达到支持小部件创建的活动——类似于你的项目进度所需的粒度细节级别（参见第8章）。这种把一个问题不断分解的方法叫做层次结构分解，进而引向一种常见的项目管理工具——工作分解结构（WBS）。

如果你在拆某件东西的时候，还准备把这件东西再组装起来，那就不能丢任何东西。在进行层次结构分解时也是一样。当你拆解小部件的时候，每拆解一次，新拆出来的所有东西必须能够把上一层级构建出来。所以，在拆解小部件的时候千万不能丢掉任何东西。

>> 可追溯性 <<

在确定项目范围和项目进度时使用与层次结构分解类似的方法，其中一个好处就是可跟踪可追溯。在解构小部件的过程中，不同组件和活动之间可以通过文本建立起联系。组装的顺序明确了，依赖组件和活动之间的联系也凸显出来了，诸如此类。一旦你按照项目计划将资源分配到不同活动中，你就可以形成完整的项目链，可以让每个人为了项目成功作出应有的贡献。可追溯性，就是可以把小部件的每个特性追溯到某个活动，追溯到负责开发特性的某个人或某个团队，追溯到某个需求。在进行项目审计时，能够进行追溯非常重要，当然这与行业有关。

工作分解结构从理论上来说，是个不错的概念。在实践中，如果有团队的支持，辅之以文档审查和对细节的关注，层次结构分解不失为一个强有力的项目管理工具。

走向亚原子——工作分解结构需要做到什么程度

这就引出了一个问题，如果用可交付成果或层次结构分解法来确定项目的范围，那么，在描述项目范围的文档中，该把小部件分解到什么程度呢？对此人们的看法各不相同。似乎要综合考虑技术、实用性和客户需求。

有时候，一个完整的WBS（详细项目进度表包含在内）会成为项目范围文档的一部分。分解过程也有助于估算成本（将在第11章讨论）。在主体项目开工之前，先启动一个独立项目，专门为主体项目设计层次结构分解、项目进度计划，并估算物料成本。然后，运用WBS和其他材料为主体项目创建业务案例和范围文档。

有时候，项目范围的文档中只包含初始的分解层级。在这种情况下，人们认为这样的详细程度足以让那些熟悉该领域的人合理地预测WBS的后续级别。

上面列举的情况是两个极端的例子，根据实际情况，分解程度可以介于二者之间。在使用WBS方法时，关键是不能忘记需求的那四个标准。要问问自己，可交付

>> 练习WBS <<

从工作或生活中找一个风险相对较低的小项目，练习一下层次结构分解法。例如：

- 给你家修一个新的露天平台；
- 打造一辆梦想中的自行车；
- 进行假期规划；
- 计划一次活动，比如同事间的社交活动或生日聚会。

选择相对简单的项目，不需要大型团队就能管理的项目。练习使用WBS找出更多细节。关键是要记住这只是练习，项目的风险不能高。

使用WBS给这个项目编写需求文档。你从中学到了什么？你是不是更加明白该怎么在复杂项目中应用这个方法了？

成果分解得够不够细，能不能让人们对项目产生充分、完整、准确、明确的理解。

关于WBS的方法和概念，人们的著述颇多。项目经理曾成功地将WBS运用于诸多大型项目和小型项目。我们可以探讨分解方法、这种方法的常见问题、与其他工具的集成等。在某些行业，这种方法已经通过软件实现自动化。在使用这种方法之前，先要开展独立研究，看看本行业如何应用这种方法效果最好，要找一些使用WBS方法的成功例子。在本书中，我们提到这一术语时，是泛指层次分解方法。

◎ 验收标准

项目验收标准明确了项目应该做到什么程度。

在第7章中，我们将探讨不同的生命周期模型。在一些模型中，验收标准是开展某些活动的直接动力。可能项目的不同活动要达到不同的验收标准，可能项目总体要达到一整套验收标准。无论如何，这些验收标准都是项目范围文档的关键内容。

制定的验收标准越具体、越客观、可衡量度越高，就越好操作。要避免使用那些"听起来不错"但无法验证的术语。例如，如果说我们希望交付的产品对用户友好，谁能反对这一点呢？但"用户友好"是什么意思呢？一个人认为是对用户友好，另一个人可能会认为是浪费、是麻烦。验收标准中常见的"问题词汇"，除了"用户友好"，还有灵活、简单、充分、安全、充足、必要时、快速、小、大（花点时间想想还有哪些词听起来不错，但实际上意义模糊，可以有不同的解释。把这些词补充到列表里）。所以，在制定验收标准时，说得越精确、越清楚越好。

进度和预算

对客户来说，交付期限、重要阶段、关键日期通常是项目范围的决定性组成部分。如果错过了这些日期，那么就超出了范围。成本/预算也是如此，在企业中，成本超支和预算超支绝对不在考虑范围之内。

在现实中，在确定项目范围、项目需求和验收标准之前，至少要确定项目进度草案。这是因为，你至少要能够向客户证明，团队能够在成本估算/项目预算内按进度推进。如果达不到客户的标准，客户就接受不了这个项目，那么这个项目注定是失败之举。为了达到客户对时间和成本的要求，你可能需要调整项目范围文档的其他内容。在敲定验收标准和范围文档之前，先要就这些内容达成一致。这就意味着，虽然进度和成本/预算是独立的概念，但实际上，经常会在规定项目范围的文本中体现各关键时间点以及对成本的限制，在验收标准中通常也会涵盖在内。

◎ 限制条件和例外情况

你有没有读过保单（或汽车租赁协议或类似的东西）上“限制和例外条款”那部分？有些例外情况需要特别关注。

编撰项目范围文件也是如此，一定要有规定“限制和例外”的内容。虽然项目范围文档通常主要讲要交付什么，但也要明确不需要交付什么。明确的界定有助于避免范围蔓延。在这部分，可以考虑下面的内容。在什么情况下你的组织不需要履行交付责任？什么情况可能让项目范围内的工作无法交付？什么会导致交付延误？组织聘任的律师（如果聘有律师的话）可以发挥作用，编撰这部分内容。一般来说，在“责任免除”部分，法律顾问会用一些笼统的词来说明：如果某件事没有明确说明，那么就不在项目范围内，也就是说，文本内容没有隐含、暗示其他内容。关于“责任免除”和项目范围文档的其他元素，法律顾问可提供一些建议。参见下面的章节“让组织的律师参与其中”。

争取支持

如果没有得到充分的理解和支持，那么范围文档编写得再漂亮也没有用。文字优雅、结构紧凑等表面文章都无关紧要，最重要的是交流沟通是否有效。范围文档的沟通作用是双向的。首先，项目范围文档要向客户传达出项目预期达到什么效果。其次，范围文档要向将要从事这项工作的人们传达，他们必须做什么才能实现项目的预期目标。在这里，上一章中讨论过的治理团队就派上了用场。在编撰范围文档时，要和治理团队合作（因为他们是项目执行人员的管理层代表）。

让治理团队审阅项目范围文档，通常是个不断迭代的过程。当你和组织中的成员一起确定项目范围时，你可能会发现，治理团队需要吸纳其他部门和代表。咨询的人越多，就越可能需要调整范围文档中的内容，而且可能需要不断进行修订。

等所有相关方都认同项目范围的内容，范围文档的编撰过程就完成了。让相关方在文档上签字可能看起来有点夸张（特别是如果这个项目只是内部使用）。不过，签字确认可能比你想象的更重要。在第8章，我们提到，签名有助于协调不一致的认知，让各方认可对项目时间的估计。同样的原则也适用于项目范围的确认。如果人们需要签字确认，那他们肯定要确认自己的确支持将要签署的东西。人们签字后，就算是出现问题，他们停止支持的可能性更小。

>> 提 示 <<

如果客户是外单位的，那么法律顾问的参与可能就至关重要。下面我们将详述。

变更控制

人类似乎永远有改变事物的欲望，没有变化的项目不可能存在。项目的规模和性质不同，牵扯的部门不同，导致变更控制既是社交过程，也是行政过程。在控制变更时，真正的问题就在于平衡相互竞争的不同势力之间的关系。如果不能在社会动态和行政过程之间找到适当的平衡，可能会破坏不同势力之间的关系，范围可能会蔓延，并引发更大的问题。

从行政管理的角度来说，如果贵组织有项目管理办公室，他们可能会有现成的变更控制流程、表单、系统、数据库、策略等。与他们取得联系，利用他们提供的东西，听从他们的指导。如果贵组织没有项目管理办公室，那你需要开发变更管理流程。通常，首先要设计“变更申请表”，你可以找些模板，根据自己的需求进行修改。

变更控制还需要与配置管理系统交互，以评估变更对项目的影响（在第10章，我们将探讨设计管理和配置管理。简单来说，项目需要通过系统来评估变更对可交付成果的影响）。重大变更还可能影响项目进度，进一步对人员、成本等产生影响。在变更项目之前，要把所有这些因素考虑在内。

作为项目经理，必须检视变更对项目的整体影响，例如对项目范围、进度、成本、人员等的影响。在教科书里通常建议，除非满足以下标准，否则绝不允许对项目进行变更。

- 变更以书面形式正式提出。
- 治理团队已经进行审查。
- 项目经理已经进行评估。

- 所有相关方均了解变更将对项目产生的影响。
- 变更请求上有正式签字，已被正式接受。

所有参与项目的人员和利益相关方均认可新的变化。因为如果提前没有进行适当的审查，变更常常会带来麻烦。

◎ “变更发起人”——捣乱鬼

变更要通过正式的流程，这种流程可以对变更产生威慑力。通常来说，变更会产生很高的成本，如果事先没有仔细评估，可能会有意想不到的后果，最终可能会毁掉项目。由于这种变化，在试图变更项目的人和项目的守门人（通常是像你一样的项目经理）之间会产生冲突。如果“变更发起人”不想按流程办事，那他们就会变成我们所说的“捣乱鬼”。

捣乱鬼可能会用很多办法让项目进行变更。据我所见，这些捣乱鬼通常是这样开始的：“哦，等等，根据我的理解，这不算真正的变更，这本来就是项目一部分……”然后，还有人是这样说的：“是呢，但这又不需要你多花一分钱。”总的来说，参与项目的所有人都不要接受关于变更的说法，哪怕是隐隐暗示的说法也不行。关于变更，必须由项目治理团队官方进行沟通。（贵组织需要确保整个团队都支持你——人们为了变更项目会鬼鬼祟祟、不择手段，定会让你大吃一惊。）

提出的所有变更都要经项目治理团队审查。治理团队需要考虑变更是否在项目范围内，以及变更对整个项目和公司业务等的影响（项目经理主要负责协调整合、提供需要治理团队审查的相关信息）。如果同意变更申请，治理团队就需要综合协调变更对财务、资源产生的影响。同样，如果不同意变更申请，治理团队就要协调和“变更发起人”的关系。

要拒绝“变更发起人”——捣乱鬼的请求，同时维护和他们本人以及他们所在的组织的关系并不容易。要想避免项目范围蔓延，“拒绝”不当请求是应有之义，但是如果拒绝的方式不当，很可能会破坏和其他组织的友好关系。因此，有时候，尽管变更内容已经超出了项目的范围，但治理团队还是接受了变更申请，他们也可能允许某些变更绕开一些流程，当然这是治理团队的特权所在。如果项目出资方特别强势，那么拒绝他们的要求会对项目、项目经理以及治理团队中的其他人产生致命的影响。所以，达到动态平衡并非小事。

虽然没有一种规则能够放之四海而皆准，但通常治理团队中的某个人有进行动态管理的能力和技巧——至少说具备所需的影响力。我们的底线是：必须要让这些捣乱鬼按流程办事，然后让管理团队做他们最擅长的事情。这样你就可以做你最擅长的事情。

◎ 项目范围蔓延管理

项目范围蔓延有许多表现形式。

● 有时候，项目的某个组成部分会出现某些“附加的东西”，本身似乎无可非议，但这些东西加起来就超出了原本确定的项目范围。

● 项目在某些环节发现了一些有趣的东西，这些多出来的工作可以安排在这个项目名下，但并不在这个项目的范围之内。

● 有些人发现，只需稍微多付出一点，项目就可以轻轻松松有所得，受这种“快餐”的诱惑，项目很容易超越原有的范围。

● 我们急于赶进度，所以就没有纠结于那个要求，转而走了这条捷径……是的，范围蔓延是双向的。我们通常谈到的都是，超出项目范围之外。然而，我们也有“理由”不按要求偷工减料。通常，大的灾难的发生都可以追溯到一个个小小的借口，不断叠加，最终就会不遵守安全要求或规定，最后灾难不可避免地发生了。

一些变化可能不值一提，微不足道，但日积月累，从量变到质变，最终成为重大变化。

要解决这个问题，一个办法就是用变更控制流程来管理所有的变更申请。将变更和原来的项目范围和需求进行比较。最好是拒绝变更申请，礼貌地搁置变更提议，等做下一个项目的时候再考虑。如果治理团队认为变更很有价值，那么最好根据这些想法设计个新项目。这是因为，一旦没有拒绝应该拒绝的变更，那么项目范围就会蔓延，而且蔓延一旦开始，就很难收手。如果由于社交压力或组织方面施加的压力，你的团队中没有人敢说“不”，那说明项目范围蔓延已经很严重了。

让组织的律师参与其中

可以从两个角度来看项目范围（以及项目管理本身）。第一种情况，项目是面向本公司客户的，也就是说你要给组织或公司中的某个人交付产品。只要大家是为同一家公司效力，那么争议就可以通过组织内部治理结构来解决。第二种情况，项目是要向外单位的客户进行交付。在这种情况下，一旦出现问题和纠纷，就会产生法律后果。

在提到项目范围文档时，人们常说，最好的项目范围文档是那些沾满尘土的“故纸堆”。也就是说，文档编写好后，只有项目经理（可能还有其他一些人）会参阅这些文档确定要做的工作。除此之外，文档就放在抽屉里落灰。也就是说，编写文档时超级顺畅，项目所涉及的人员对自己该做的事情了如指掌，不需要参阅文档。在项目结束后，大家也都很满意，根本没有人找文档来核对是否所有的需求均已实现。

相反，如果项目出了差错，那么范围文档就会成为解决争议、调整变更的关键。如果需要外单位的客户签字，让本单位的律师参与不失为明智和谨慎之举。

工作一段时间后，项目经理可能会觉得，律师要检查的那些东西，他们基本上了解得八九不离十了。这样很赞！虽然这仅仅意味着律师审查的时候效率会更高。但是还是要让他们参与。在这个领域，他们是专业人士，尊重他们的技能和知识，这对你的项目有好处。你可能擅长那些常规的东西，不过他们对细微差别、微妙之处和稀奇古怪的事情研究得比较透彻。如果他们愿意，让他们参与到治理团队中来。多向他们请教，相关信息要向他们通报，听从他们的建议。律师的作用就是为了让你、项目和公司摆脱困境。

不管你对手头的项目有多熟悉，都要抵制住诱惑，不要把自己当作律师，不要做律师该做的事情，否则，迟早会出问题。

>> 要点总结 <<

- 项目范围像是一道虚拟的围墙，明确了项目的边界。在栅栏内，是项目该做的事情，在栅栏外，是项目不该做的事情。
- 要把各个假设明确写出来，这一点很难做到，但至关重要。
- 项目是由需求定义的。对需求的描述必须充分、完整、准确、明确。为了做到这一点，要请本领域有经验的人审核相关文档。
- 项目范围通常由其可交付的成果来定义。把这些可交付的成果按层级进行分解的过程称为工作分解结构（WBS）。复杂的项目常常会用到这个强大的工具。许多项目进度安排工具和管理工具都与工作分解结构有关。
- 工作分解结构法让追溯变成可能。可追溯性，就是可以把可交付成果的每个特性追溯到某个活动，追溯到负责开发特性的某个人或某个团队，追溯到某个需求。可追溯对于项目审计非常重要。
- 验收标准需要明确项目需要执行到什么样的程度。避免使用可能有多种解释的词语。制定的验收标准越具体、越客观、越可衡量，就越好。
- 事实上，交货日期和其他关键日期可以和预算、成本一起包括在项目范围文件内（通常放在验收标准下）。因此，项目进度和预算通常必须列得很详细。因为项目是临时性的任务，所以项目必须有一定的边界。项目中不包括什么也是项目的范围。在范围文档中，一定要有一个部分，说明项目不包含哪些内容。

- 通过范围文件，客户和负责交付的团队可以明白项目的目标。争取让每个人都支持项目很重要。通常，治理团队中应该有所有相关人员的代表，只要他们签字，就说明他们愿意支持这个项目。
- 变更控制既是行政过程，也是社会动态。最好设计严格的变更控制流程，然后让治理团队和提出变更的人员对接。
- 每个项目都会发生范围蔓延。如果以前就进行过变更，那么再进行变更就显得合理多了。在处理变更申请时，要和本来的项目章程和范围比对，看看变更有多大。如果变更太大，总要有人提出来。如果没人说出来，那么范围蔓延太过，项目就要受影响了。
- 在确定项目范围时，可能需要外单位的人员签字确认。听从律师的建议，让他们参与其中。

第 6 章

项目质量计划

布丁可没有速食的！

——威廉·爱德华兹·戴明

威廉·爱德华兹·戴明应用质量管理原则使日本经济奇迹般崛起。他喜欢布丁。虽然速食布丁与布丁名字一样，但速食布丁并不是真正的布丁。真正的布丁要花费心思、技巧和时间来烹饪。戴明试图证明这一点，只靠任命几个人，按照食谱烹饪，发几道命令，根本保证不了质量。高质量源于技术、谨慎、专注和学习，汇集了很多东西，需要一定的时间才能实现。质量控制系统也是如此。

项目质量计划是质量体系的一个子系统。我们将其包含在项目范围内（参见第5章）。在这里，我们将讨论控制质量的一些基本原则。我们的想法是，如果在确定项目范围、制订项目进度、做项目设计时，将这些原则当作检验标准，并能够制订计划来处理这些原则，那么这样的项目质量计划就是优质的。提出这些原则、应用这些原则，为贵行业的项目制订一个项目质量计划，需要耗费一些时间和精力，需要具有一定的洞察力和技能。当然，贵组织的项目管理办公室可能有固定的模板和指南，希望你遵循使用。有这样的资源最好，有助于开发最适合贵组织的项目质量计划。在进行项目管理时，要始终与本单位的项目管理办公室保持联系，充分利用他们提供的资源。

满足客户的需求

在美国，菲利普·克罗斯比是项目质量管理史上的一个关键人物。他的管理思想中有这样一个观点，那就是，不多不少地满足客户的要求，就能保证质量。“不少”似乎很明显。如果没能满足客户的要求，那么客户肯定不会认为你的项目是个高质量的项目。而“不多”就没那么明显了。

◎ 什么时候越多反而越不好呢

和普通大众的想法不同，越多并不总是越好，越多只会让事情变得更糟！如果你提供的服务超出了客户的要求，有时候你可能做对了，就会讨客户高兴。但有时候，做得太过反而会引起不满。虽然有时候越多越好，但是如果你想让项目超出客户的要求，你可能会给项目惹下麻烦。

在第5章中，我们提出了这样一个观点：许多人认为，实现目标当然好，但是超额实现目标更好，越多越好。在前一章，我们讨论了这个观点会引发项目范围蔓延的问题，进而导致费用超支、项目延迟。治理团队肯定不会满意，他们肯定认为你的工作没有达到原定的质量标准。如果治理团队认定你的项目质量不高，那么终端客户怎么想就无关紧要了——你的项目质量肯定高不了。“但是终端客户的想法呢？”你可能还想坚持自己的观点：如果我给他们更多的选择，为他们提供更多服务，他们肯定更快乐，更忠诚，会为我们带来更多的顾客。你可能会认为，要是我能说服管理团队就好了。为了便于讨论，让我们假设给客户提供超值服务不需要额外投入，而且不会影响项目的进度。

事实证明，虽然你的本意是好的，也可能会让你误入歧途。这里以巴里·施瓦茨教授2006年的研究为例。在开发产品时，人们往往认为，给顾客更多选择可以提高顾客的幸福感和满意度。研究表明，事实并非总是如此。施瓦茨教授发现，选择太多可能会让人不知所措。或许你可以想想自己的经历，例如买了一个新产品，比如一个应用程序或者一部新手机，选项、设置和选择实在是太多了，等你设置好能用的时候，你已经筋疲力尽了。你的感受非常有代表性，超乎你的想象。

狄克逊、弗里曼和托曼的研究（2010）发现，"取悦"顾客无助于提高忠诚度。相反，为客户服务时，能够快速而轻松地帮助顾客解决问题可以提高客户的忠诚度。对此我的解读是：好钢要用在刀刃上，要一针见血！花心思取悦客户，还不如花心思把事情做好。

对于很多人来说，这种想法几乎是异端邪说。我不会对这一点做过多的说明：满足客户的关键需求，可能没那么激动人心，也可能不像赫拉克勒斯大力士的故事听起来那么气派，但你永远不会出错！

◎ 谁是我的客户

在制订质量计划时，你必须知道自己的客户是谁。只有这样，你才能知道自己必须满足什么要求。我建议把治理团队当成你的客户。

关于这个问题，人们有两种观点。其中一种说法是，要提供高质量的产品，你需要清楚终端用户的需求。这个想法有可取之处。有些项目可能需要提供终端用户需求报告。但是，如果新的产品必须有全新的环境才能使用，那么终端用户可能无法想象出新的环境。你理所当然会对某些科技产品提出这样那样的要求，但想象一下，如果问你的曾祖父他对科技产品有什么要求，他会怎么说呢？在他成长的过程中，这些设备根本就不存在。如果终端用户想象不出新的环境，那么他们提供的信息可能根本就没有用，就算有用，也需要分类整理挑选才行。

治理团队要综合考虑客户需求和其他因素，例如战略计划、整体目标和运营普遍存在的问题等。管理层的目标与用户的目标可能并不相同。管理层可以跳出用户需求的限制，从公司发展的角度去看待问题。管理团队有责任研究客户，收集客户需求信息，并根据公司发展目标，在不同因素间取得平衡。

因此，无论你如何剖析，你的客户永远都是治理团队。请记住，你之所以选他们进入治理团队，是因为他们贡献不菲，具有深刻的洞察力。如第4章所述，治理团队中会有“客户”/终端用户代表。绕过治理团队直接收集终端用户的需求或许可以实现一些目标，但是如果平衡不好与管理理念和目标之间的关系，这样做会让项目陷入不同程度的失败。

因此，我建议将治理团队界定或批准的需求作为你的目标——不少也不多。

◎ 控制：如何衡量/确认已经满足需求

好的质量控制计划中要包含控制标准，证明需求已经得到满足，或者需求正在得到满足。好的控制标准必须客观，即，不管由谁来控制质量，结果都是一样的。有人认为，控制标准必须可量化（意味着控制度量产生一个数字）：这种观点是有价值的，因为数字容易处理、操作和分析。

尽管如此，我还是看到了许多优秀的合格控制案例。合格控制是对被控制事物的判断。虽然这听起来有问题（判断往往是主观的），但有可能做出客观和可重复的可限定的控制。比如，在三年内没有发生车祸，你就有资格享受保险费的折扣。这是一个可量化和客观的控制：你三年的事故率是客观的，通过测试后，你就有资格享受折扣。

控制的关键是首先确定需要度量什么。有时你无法度量你想要控制或验证的东西，但你可以度量代用品，例如在汽车保险示例中，事故率（一个客观数字）代表着你的驾驶质量（一个主观判断）。

还有另一个例子：你下次去医生的诊所时，他们可能会在你的手指上套一个传感器，传感器会告诉他们你血液中的氧含量。仪器实际上并不是在测量你血液中的氧气含量，而是在测量你的手指如何吸收传感器发出的光。一些聪明的人发现了光的吸收和血液中的氧含量之间的关系。他们把这些关系输入电脑，瞧！这个代用品和真实的东西一样好。

无论你如何定义它们——定性的还是定量的——你的质量计划的一部分应该包括客观地证明你已经满足需求的控制。

顺便说一下，控件和“验收测试”在技术上有点不同。把控制看作是广泛的、包罗万象的概念，涵盖了用于监视项目的所有措施。验收测试是向未来的用户表明系统能够像预定要求那样工作。然而，实际上，验收测试经常被用作质量控制措施的同义词。

>> 警告：代理度量可能会使你的项目误入歧途 <<

在项目中，不像医生的办公室，你很少直接测量纯粹的物理属性。一般来说，你是在衡量人们的行为或他们行为的结果。关于霍桑效应有很多文章，但一个结论是，通常人们都尽力做到最好。有时候，如果员工认为项目经理想要的东西与上司想要的东西不同，他们就会产生奇怪的行为。他们在使用代理度量时，混淆的可能性会增加。

我无法证实一个教授告诉我的这个古老的故事，我忘记了他的名字，但即使它不是真的，它也说明了一个重要的问题。所以我将与你们分享。

在冷战期间，某两国一直在各种事情上竞争。谁的武器爆炸力最大？谁生产的军舰吨数最多？这种情况几乎延伸到了每一个领域。在A国，一位局长注意到农业设备与B国存在差距：B国人均生产的农业设备比A国多n吨，这是个问题。如果A国的农民没有足够的设备，他们怎么能和B国的农民竞争呢？局里的所有人都认为这是一场危机，该局批准了一项计划，以缩小这一差距。这个项目的基本要求很简单：通过给农民运送更多的农具来帮助他们竞争。决策者选择了一种替代指标来跟踪任务成功：跟踪生产的农用设备的吨数。目标是要比B国人均生产更多吨的农业设备。随着这个项目接近尾声，他们发现还是落后了。项目经理对团队怒斥道：我们必须打败他们，生产出比他们更多的农业设备，否则有人要受处罚！幸运的是，最终这个项目成功了。A国向他们的农场运送的人均农业设备比B国向他们的农民运送的还要多。项目经理们对自己很满意，进行了一次胜利之旅，去见了所有他们帮助过的农民。当他们从一个农场走到另一个农场时，他们很快就看到了农民们从设备上卸下的铅块。显然，这个项目已经达到了向农民运送更多吨设备的替代指标，但没有达到实际上帮助农民的项目要求，运送设备的工厂只是在大部分设备上增加了铅重量。只是设备重量增加，而不是数量增加。

这就提示我们：要小心我们衡量的指标。团队也许会完成我的指标，但却不是我们真正想的项目成果。要确保团队知道我们想要什么，如果使用代理度量，也要确保团队真正明白，项目的真正目标是什么。

◎ 可追溯性/需求追溯矩阵

好的项目质量计划具有可追溯性。正如在第5章中提到的，可追溯性意味着，每个需求都可以追溯到可以满足此需求的某个或某些活动。这表明，你有满足此需求的行动计划。此外，这还意味着，可以把控制或验收标准（以前提到的）与其评估的需求联系起来——表明你可以对照需求来验收交付的项目成果。在质量计划中，追溯部分通常称为需求追溯矩阵，或RTM。

需求、活动、控制/验收测试之间的联系通常可以用矩阵来表示（下面将详细介绍）。这个矩阵不仅要说明活动实现了所有需求，而且说明项目已经通过控制/验收测试，证明项目满足所有需求（这就是我们将项目质量计划纳入范围文件的原因，我们希望客户在控制/验收测试上签字，确认项目已满足需求）。需求追溯矩阵有以下几个关键点。

- 所有需求都由一系列活动来实现（即没有孤立的需求）。
- 所有活动都是为了满足项目的某个需求（也就是说，没有孤立的活动）。
- 所有需求在项目成果交付前，都要通过控制或测试。

需求追溯矩阵真的是个矩阵吗

纯粹主义者创建可跟踪矩阵时，会把所有需求列在坐标的一个轴上，把所有活动列在坐标的另一个轴上。然后，他们可能会在需求和活动交集的地方标记X。在真实情况下，这样画矩阵的话，矩阵的规模会变得难以控制，矩阵里面还会留下诸多空白（数学家称之为稀疏矩阵）。表6.1展示了一个需求追溯矩阵。注意，矩阵里的很多格子都是空的。还请注意，如果需求、开发活动和验收测试达到一定规模，这个网格很快就变成巨无霸了！

表6.1 需求追溯矩阵（稀疏矩阵）

业务需求文档编号		预留需求文档 BRD 1.X					订单需求文档 BRD 2.X				支付账 BRD 3.X		
功能需求文档编号		FRD1.1.1	FRD1.1.2	FRD1.1.3	FRD1.2.1	FRD1.2.2	FRD2.1.1	FRD2.1.2	FRD2.2.1	FRD2.2.2	FRD3.1.1	FRD3.1.2	FRD3.2.1
模块开发1.1	验收1.1.1	×											
	验收1.1.2		×										
	验收1.1.3	×	×	×									
模块开发1.2	验收1.2.1				×								
	验收1.2.2				×	×				×			×
模块开发2.1	验收2.1.1						×						
	验收2.1.2							×					
模块开发2.2	验收2.2.1							×	×				
	验收2.2.2									×			
模块开发3.1	验收3.1.1										×		
	验收3.1.2											×	
模块开发3.2	验收3.2.1												×

稀疏矩阵还有几种表示方法。可以画一个表，只把感兴趣的元素放进去，这种方法很常见。我们可以建一个表（参见表6.2），其中第一列写上业务需求文档（BRD）的编号，第二列写上能够支持功能需求文档（FRD）（这也是常见的层次分解）。第三列写上开发工作，最后一列写上适用的验收测试方法。

表6.2 需求追溯矩阵（表格）

业务需求文档编号	功能需求文档编号	模块开发	验收测试编号
预留需求文档 BRD 1.X	FRD1.1.1	Dev1.1	验收1.1.1 验收1.1.3
	FRD1.1.2	Dev1.1	验收1.1.2 验收1.1.3
	FRD1.1.3	Dev1.1	验收1.1.3
	FRD1.2.1	Dev1.2	验收1.2.1 验收1.2.2
	FRD1.2.2	Dev1.2	验收1.2.2
订单需求文档 BRD 2.X	FRD2.1.1	Dev2.1	验收2.1.1
	FRD2.1.2	Dev2.1 Dev2.2	验收2.1.2 验收2.2.1
	FRD2.2.1	Dev2.2	验收2.2.1
	FRD2.2.2	Dev1.2 Dev2.2	验收1.2.2 验收2.2.2
支付账 BRD 3.X	FRD3.1.1	Dev3.1	验收3.1.1
	FRD3.1.2	Dev3.1	验收3.1.2
	FRD3.2.1	Dev1.2 Dev3.2	验收1.2.2 验收3.2.1

如你所见，表格更好管理，它可以放在报表里，可以用于设计数据库。按照惯例，如何显示这些信息并不重要。只要能够把信息展示出来，不管形式如何都可以称作需求追溯矩阵（即使没有以矩阵的形式呈现），因为从理论上来说，用这些信息就能构建一个完整的矩阵。

我见过一些大型项目使用软件来管理需求追溯矩阵。项目管理办公室可能有独特的数据库。另外，许多人会用现代工具来开发个性化的数据库，以满足独特的项目需求。找个有用的工具使用，但不要被这些工具束缚住。用什么工具并不重要，重要的是要能够发现需求、活动和控制/验收测试之间的关系，并利用它们之间的关系。

在第9章关于项目人员配备、计划中，我们为活动分配人员。追溯矩阵使我们知道合格人员正在适当地处理任务，能够处理该活动所支持的需求的人员。我们将在第9章详细讨论。

小错误造就大成功（原型设计）

我们最宝贵的教训有很多时候来自我们的错误。然而，如果错误大规模发生，它们可能是毁灭性的、不可挽回的。假设我们能找到一种方法，让我们的错误在小范围内发生，并把学到的教训应用到大范围内，那么我们的成功将是巨大的！

有这种情况，这叫作原型设计。

威廉·爱德华兹·戴明给我们带来的一个质量工具是戴明循环——有时被称为缩写：PDCA（计划、做、检查、行动/分析）。在第7章中，我们将着眼于基于此思想的整个生命周期模型，称为快速原型生命周期。无论你是否使用生命周期模型，在每个项目中都会有一些地方没有被完全理解。

一个好的项目质量计划会查看项目中可能出现的误解、错误或简单的断开会导致问题的地方：项目的高风险部分。如果在这一部分出了差错，影响可能是毁灭性的。在回顾这些领域时，你可以询问原型设计来避免出现此类问题，换句话说，制订一个包括原型设计的质量计划，这样你就可以犯小错误，但能获得更大的成功！

设计容忍变异和相互作用

在质量系统工程中，重点是减少所有种类的变化，变化是敌人。为什么？对项目经理和质量工程师来说，变化意味着理想或预期情况与实际发生情况之间的差异。当然，我们希望发生的事情尽可能接近理想状态。使事情可重复、可预测和可靠是任何质量计划的重要方面。在开发项目质量计划时，寻找可以减少变化的地方。

许多人讨论了减少接收的原材料、供应商提供的组件、流程、交货日期等方面的差异的重要性。如果别人给你提供高质量的商品和服务，你的工作就会容易得多。在一本书中写道，你应该要求你的供应商减少他们带给你的变化！这可能意味着在向供应商发送规范时使用更严格的公差或其他额外的限制。走出书本，我们很快发现更严格的公差和额外的限制通常会给项目造成更高的成本。这就引出了一个问题：那些提高质量的要求真的值得吗？我们一会儿再回到这个问题上。

尽管所有的努力都在减少变异的来源，但事实上，一切仍然是不同的！项目可以有自己独特的变体。通常30天就能到的货，在冬季可能需要45天。在夏季，假期可能会改变资源的可用性。赫拉克利特指出，没有人会两次踏入同一条河流，一切都在变化。不管你付出多少努力，这些变化的相互作用会使结果发生变化。

好的项目质量计划还需要寻找一些方法，使项目能够接受变化，并且仍然可靠地管理项目以得到质量结论。

你可能会看到一种平衡行为的发展。例如：

- 一方面，我们需要减少给我们的项目和活动带来变化的事情。
- 另一方面，减少一些变异来源会花费我更多的钱。
- 但是，不管我怎么努力，有些事情还是会发生变化。
- 我的项目会有自己独特的变化。

尽管如此，我还是有最后期限和预算限制要满足。我怎么把这些整理出来？

◎ 成本的变化

田口玄一最出名的是他的统计技术，特别是他关于设计实验来了解是什么导致了产品的变化的概念。他的方法着眼于变量之间的相互作用。我们不会在这里讨论他的数学方法，但他的工作的一个组成部分是考虑当我们偏离理想时产生的代价。当我们最小化与管理变化相关的成本时，我们的想法是，我们提高了我们项目的质量——讽刺的是，成本越来越低。也就是说，通过关注每个质量控制措施的成本，拥有一个高质量的项目的成本应该更低。

我们可以将此应用于开发项目质量计划。例如，如果某个活动的完成日期的变化对你的项目没有成本方面的影响，那么这就不是需要关注的领域。好！但是假设在你的项目计划接近结束时发生了一个高风险的活动。完成延迟的活动可能会推迟整个项目，组织的成本很高。如果你能在项目的开始安排这个活动，而不是在接近尾声时，然后完成延迟活动可以固定在一个小得多的成本上，而且不影响项目的整体时间表。现在，提前进行这项活动可能会有额外的成本（可能需要加速供应）。很快，我们看到了需要考虑的交易。将活动向前安排的成本是否小于保留在原地的可能的延迟成本？

开发需要探索的场景。估计不同情况下可能结果的成本，然后找到一个使总成本最小化的方案，你正在考虑的变化包括供应商成本、你的项目成本等。最小化变化成本的场景可能是你项目的最佳方法。

对于复杂的过程，田口玄一开发了一些漂亮的数学方法来解决这个问题。然而，对于大多数项目计划和调度目的来说，使用正确的工具（我们将在第8章中详细讨论），通常会有一些相当好的解决方案变得显而易见。现代的规划工具会给你不同的可视化方法，以及探索“假设”场景的能力。他们甚至可能有其他类型的优化工具、负载水平工具等。使用一个好的工具可以节省你很多时间。

请记住，对于你的治理团队来说，最小化风险和最小化变化可能比成本更重要。或者他们可能愿意接受一些风险，因为组织中其他地方的时间表有冲突。他们的战略眼光可能对你来说并不明显。随着你对各种权衡的理解，一定要确保治理团队理解这些权衡之间所涉及的成本。他们可能拥有一种“超越你的分析”的管理特权。这种观点往往比数学更重要。这就是治理团队存在的原因。

规管及遵从计划

如果你将一部分内容放在监管和遵从性规划上，那么跨行业就不一致。一些行业将此部分放在需求文档中。其他人将这些材料放入质量计划中。还有些人希望它是自己的独立文档。如果你的组织有项目管理办公室，请找出他们希望你对此做些什么，听从他们的建议。

如果你的组织没有项目管理办公室，询问你的组织，看看在其他项目上做了什么。问问你的治理团队中的人。做一些调查，看看什么适合你所在的行业。

我在这里要指出的唯一一点是，你应该考虑你的项目的结果或活动是否可能受到某些法规、监管机构、代码执行、行业监督等的支持。如果是的话，找出那些法规和遵从性问题是什么，并根据需要制订计划来保持你的项目的遵从性。

>> 要点总结 <<

- 联系你的项目管理办公室，看看他们是否有任何指导方针或模板，或者他们希望你在开发项目质量计划时遵循的东西。利用他们能给你的一切。
- 制订一个项目质量计划，该计划应显示：

◇ 你将满足客户的要求：不少不多！超出客户的要求往往会引起不满。

◇ 每个需求都可以追溯到支持该需求开发的活动。同样地，最好表明你的所有活动都是为了某个目的而执行的（即与某个需求相关联）。

◇ 每一个需求都可以追溯到一个控制/验收测试/标准，这个控制/验收测试/标准将用于验证你的项目是否符合需求。

◇ 你有一个计划来构建你项目的各个方面，所以你可以犯小错误，让你获得更大的成功！

◇ 你有一个最小化变更成本的策略，以及变更对你的项目可能产生的影响。

- 治理团队的职责是平衡各种考虑，包括最终用户需求、组织需求、费用需求、进度需求等。为了使你的项目成功，将他们视为你的客户，这样所有这些需求都得到适当的平衡。
- 如果你的项目出现监管和合规问题，请制订计划解决这些问题。

第 7 章

项目生命周期模型

在第2章中我们曾提过，项目都是暂时的，有一定的期限，有开头、中间和结尾。那你的项目是如何度过其“一生”的？项目有怎样的生命模型？

在项目管理中，项目生命管理的框架、模型和理念很多。找到适合手头工作的框架，工作起来就很得心应手。框架不适合，当然目标也可以实现，不过你就得付出更多心血。

实际情况要复杂得多。一个项目只要达到一定的难度和规模，只要需要应用不同的技术，就可能同时表现出不同特征。同一个项目，不同的部分可能适合不同的生命周期模型。让事情雪上加霜的是，随着时间的推移，同一个部分，起初用一种项目生命周期管理模型或理念，到后期用另一种管理模型或理念效果可能更好。实际情况和教科书不同，你可能会发现，一个项目在整个生命周期中需要综合使用多种管理策略和模型。

在这里我们将讨论5种最基本的项目管理生命周期模型和概念。贵组织的项目管理办公室可能发布过规范，指导如何应用这些模型（特别是在政府实体/项目中）。在本章，我们将说明每个模型的主要特征，并指出其适合哪些类型的工作。然后，当你制订项目计划的时候（参见第8章），你可以选择最适合的，组合在一起，找到最好的解决办法。这5种生命周期模型和概念分别是：

- 经典的瀑布模型（预测式）；
- V模型；

- 快速原型模型；
- 螺旋模型和RAD模型；
- 敏捷的概念。

>> 没有放之四海而皆准的模型 <<

我还没见过哪种方法适用于所有情况。对于项目经理来说，最有效的方法是根据组织和活动的实际情况，综合生命周期或方法中的要素，设计出最适合的方法。

但是一定要记住：你项目经理的职位是组织授予的。一些组织很看重某种方法的使用，就算是这项目得花更长的时间，或者存在其他缺点，也要使用这种方法。在这种情况下，一定要记住，没有组织的支持，根本就不可能成功。就算方法再完美，如果组织不支持，也就不会成功。一边是理想的解决方案，一边是可以成功的解决方案，优秀的项目经理就是要在二者之间找到平衡。

经典的瀑布模型

也就是预测法，所谓的瀑布式项目计划生命周期模型可能是最古老、最自然的项目计划形式。小的时候，我们就知道，在完成搭建工作的时候，得先搭某个部分，然后再搭另一个部分，以此类推。在最古老的人文经典中都能找到这种顺序规划的方法。在建构的过程中，组合的顺序至关重要。如果顺序出错，问题就会不断出现。项目管理出现的问题包括进度延迟、返工（拆了重做）导致的成本超支。由于建设项目规划和审查不足导致返工，时间成本和经济成本平均增加25%左右，这个幅度最常见。

>> 试一试 <<

搜一下项目超支的新闻，或者想想你自己经手过的超支建筑项目。看看超支、延误的原因是不是：

- 返工（必须拆了重做）？
- 需求变更？
- 计划不周？

建筑类项目成本超支的主要原因就是这三个。了解其他项目有助于自身项目管理。

◎ 为什么叫瀑布模型

首先用方框表示项目的不同步骤，从页面左上角开始，到右下角的最后一个活动结束，按照顺序排列。然后用箭头把方框连接起来。项目画出来可能类似于图7.1。

这种项目描述方法存在已久。有人认为，这个模型看起来像激流直下，也许箭头就是水落到低点时溅起的水花。因此，他们称其为瀑布模型，这个俗称沿用了下来。和任何一个项目经理提起这个词，他们都会明白你的意思。

如果一个项目具有以下特征：

- 你能够充分、彻底、准确地收集需求（已达到共识的需求）；

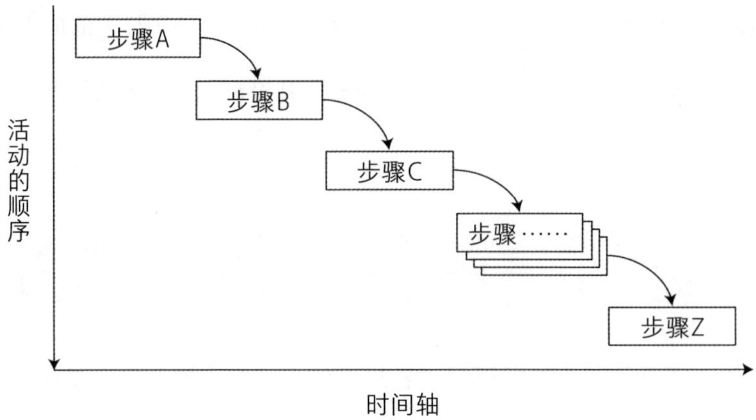

图7.1　按顺序表现项目

- 你完全清楚完成项目需要什么样的知识，而且能够获得这些知识；
- 该项目会修建实实在在的东西。

那么你可以按照以下步骤管理项目：

1. 收集全部需求，让相关方就需求达成一致。

2. 画出设计图纸，制订施工计划。

3. 施工/实现设计方案。

4. 验证/确认没有差错。

5. 维护/交付产品。

有的教科书把此模型称为预测式生命周期模型，因为在项目伊始，就要预测出后续所有步骤。如果能够严格按照步骤实施，那么瀑布模型可能是最高效、最有效的项目模型。请参见图7.2。

什么情况下可应用此模型？这个模型隐含着两个关键假设。

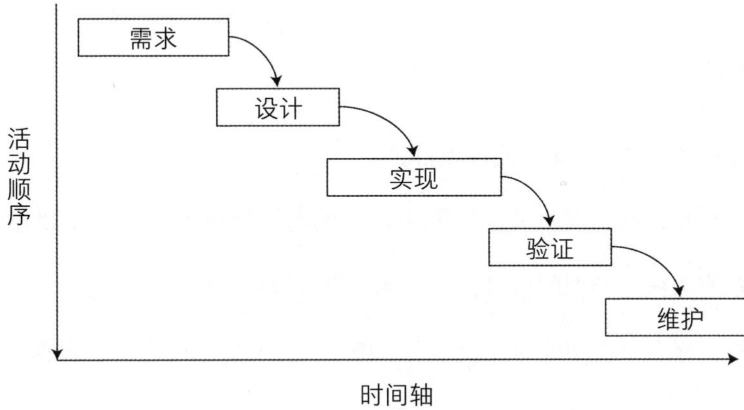

图7.2 瀑布模型

◎ 假设一

你能够充分、彻底、准确地收集需求，并且让所有人就需求达成一致意见。

大家都认为要实现的目标很明确，但没有人把目标整理成文字，没有让大家就对目标的理解达成一致。通常，人们以为对目标心照不宣，但很可能大家对目标有不同的理解。2014年项目管理协会（PMI，2014）的一项研究发现，在失败的项目中，47%是由于需求描述不准确，从而未能达到目标——换句话说，是因为目标不明确，且未取得共识。

瀑布模型的关键在于项目伊始就有合适的需求。何为合适？对于瀑布式生命周期来说，就是需求的提出要基于类似的经验。项目经理根据以往类似的经验，或者基于项目信息，细化需求文档，明确项目内容。如果你没有类似的经验，没有这些基准信息，那么你的预测就没有根据，你也没有进行预测。例如，如果你打算在城市里盖一座房子，而贵公司已经建造过很多类似的房子，那么，应该很容易明确需求。但是，如果你想在月球上修一座房子，你可能一开始提不出特别合适的需求。瀑布模型就不适合这样的项目。

◎ 假设二

项目经理知识渊博，足以完成项目。

应用该模型，则要求公司熟悉项目所有要素。贵组织必须熟悉此类型的项目。如果以前没有人做过类似的项目，那么你就没有提项目预算、计划和资源的经验。如果是这样，瀑布型模型的用处就不大。相反，如果这个项目和之前的100个项目都类似（或者说，如果这个项目的所有要素在其他类似项目中出现过，而且项目经理对此很熟悉），那么贵组织对项目的熟悉度就足以保证项目顺利结束。在这种情况下，就可以用此生命周期模型制订相当准确的计划。

人们可能会觉得假设太麻烦，但很多事情都能满足这些期望。常言道：太阳底下无新事！通常，项目经理首先要做的，就是分解项目环节和步骤，找到类似的先例。然后根据以前的经验，为当前的项目制订生命周期计划。通过研究、分析、类比、解构、建立联系等方式，瀑布模型的那两个假设往往能够成立。

◎ 项目管理的演化历程

大约在1950年之前，人们修建的东西大多是实体，所以这种方法占主导地位。1969年，泰德·霍夫首次提出了“通用处理器”的想法，第一台微处理器（英特尔4004）自此问世。显然，这项发明略过了诸多细节，改变了很多事情，包括项目所处的环境。看来，太阳底下确有新鲜事！

随着微处理器在几乎所有领域广泛应用，软件也成了产品的重要组成部分。从某种意义上来说，软件不是实体，而是对思想的记录。我们把那些主要用知识和脑力劳动而不是体力劳动来生产的人称为“知识工作者”。在现代社会，许多项目要依靠某软件开发或知识记录或知识性工作，或者在某种程度上取决于其进展。

捕捉思想、管理知识的问题在于，我们发展思想的方式与构建物理事物的方式不同。思想往往会因需要而成长。思想可能会循环发展。我们可以从以前的小想法中建立我们的思维，或者有闪现的洞察力。有时候我们需要彻底思考一些事情，看看我们做错了什么，从错误中吸取教训，然后重新开始（如果你正在建造一座大楼，这是一个灾难性的过程）。有时我们需要和别人一起讨论一些想法来发展我们的思维。“知识工作”的过程可能与我们构建事物的方式截然不同。

对于软件和获取的知识是主要组件的项目，瀑布模型不是很有用。将这种模式应用于此类事情的尝试，使其成为项目管理（每个人都会讨厌的计划）的缩影。有些人把这种方法称为“预测方法”，同时影射说由于无法预测未来，这种模型是愚蠢的。这种模式并不愚蠢；它不是管理这些类型的活动的正确生命周期模型。

>> 瀑布模型 <<

概括地说，这种模式实际上是完美的：

- 当你构建确实存在的事物时；
- 当你对公司有足够的了解或者有机会了解这些关于目标的知识时，你就可以提出好的要求；
- 当你在公司中熟悉了完成项目的组成部分所需要的条件时。

当这些条件都满足时，那么最有效的、高效的、最好的来建模你的项目的方式是：

1. 为你的项目制定好的需求。

2. 在建造它的过程中设计你想要建造的东西。

3. 实现你的设计。

4. 一旦你完成构建，确认你构建的内容满足你的需求。

5. 维护或交付你所构建的。

V模型

V模型类似于瀑布模型，但是我们的“瀑布”是折叠的，在项目的最后阶段和初始阶段之间有明确的联系。

V模型的一个经典特性是，每个开发活动都与测试活动有明确的联系，测试活动可以衡量开发活动的成功程度，每一步都是成对的——一个活动/任务，以及对该活动/任务的测试。对于使用V模型的项目经理来说，定义这些测试和相关的标准是计划阶段的关键部分。知道这些测试标准是什么，首先，我们的知识工作者就可以打磨他们的产品来通过这些测试。理论上讲，如果所有的东西都通过了这些测试，那么你就创造了一个成功的产品。

让我们为自己构建一个V模型，看看它是如何工作的。

◎ 开始的时候，心中要有目标

柯维博士的《高效能人士的七个习惯》中的一个习惯是“以终为始”（习惯二）。将这一原则应用到计划项目中，我们从定义客户的接受标准开始。在项目的最后，当我们交给用户“×物”时，他们需要在“×物”中找到什么属性才能让他们接受

就完成了，参见图7.7。

理想情况下，这里的理念是在完成设计和知识工作之前，定义所有的测试需求。当知识工作者完成每个阶段的工作时，他们会努力创建能够通过后端测试的内

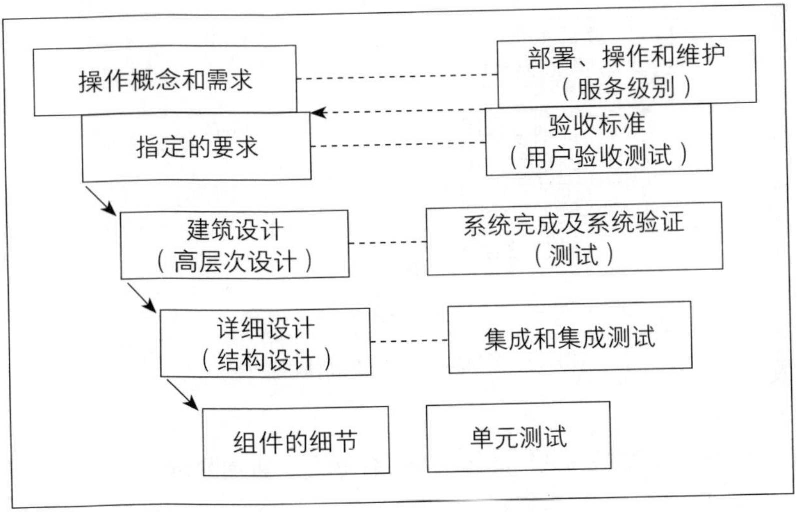

图7.6　V模型——设计步骤如何与测试步骤相关联

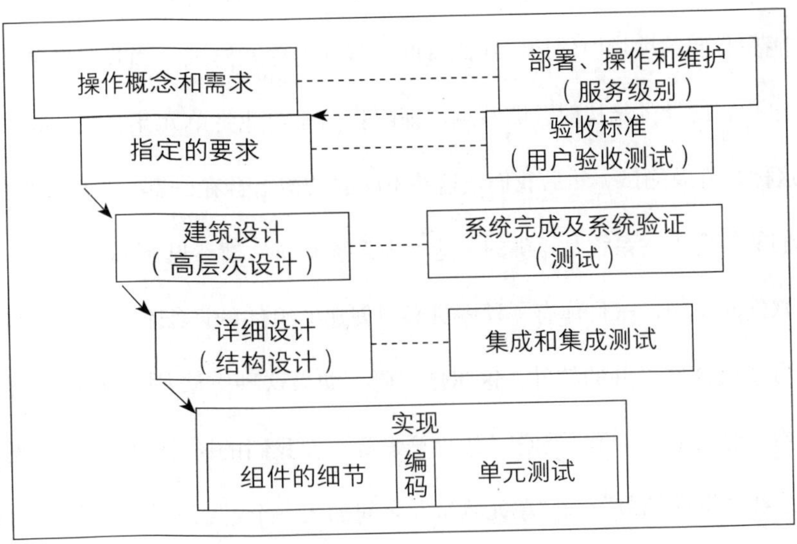

图7.7　完整的V模型

它的成功？我们如何客观地测试这些属性，我们称之为用户验收测试，或UATs。

产品必须被部署、操作和维护。因此，在项目结束时，我们还要考虑度量部署成功、操作成功和维护特性。通常，当设计交付东西的合同协议时，合同将把这些标准和度量称为“服务水平”。因此在图7.3中，我们通过创建以下步骤开始构建V模型：用户验收测试或验收标准，以及定义的服务级别。

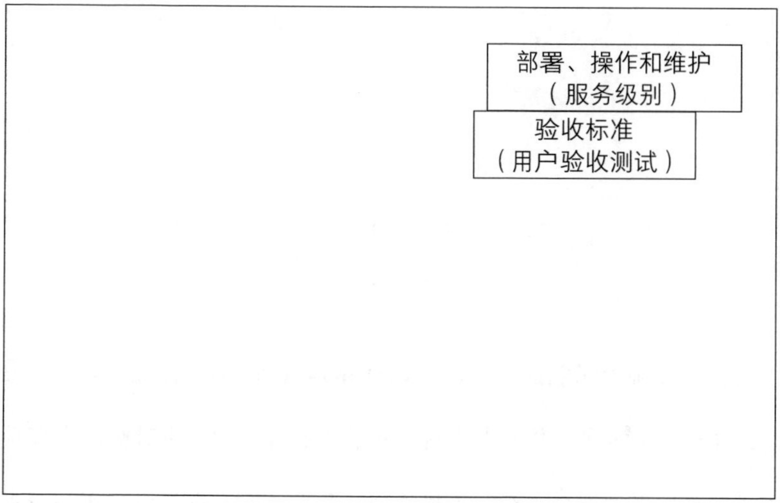

图7.3　V模型——以终为始

我们利用这种对客户接受度的理解来创建我们的需求。在实践中，验收测试常常成为需求。尽管存在这种诱惑，但是将需求和接受标准分为两个不同的概念是有价值的。创建一个概要文档来描述对项目范围的高层次理解是很重要的，它适合我们的整个产品组合等。正如在第4章中所讨论的，这些信息对于监督项目的治理团队是重要的（测试标准可能对他们的目的不是很有用）。每次我们改变我们的需求时，我们需要使用新的信息来驱动我们的验收测试的改变。我们需求的每一部分都必须通过某种类型的验收测试来演示，或者在这个模型中，我们将不考虑该需求或特性是一个有效的需求。图7.4描述了这个概念。

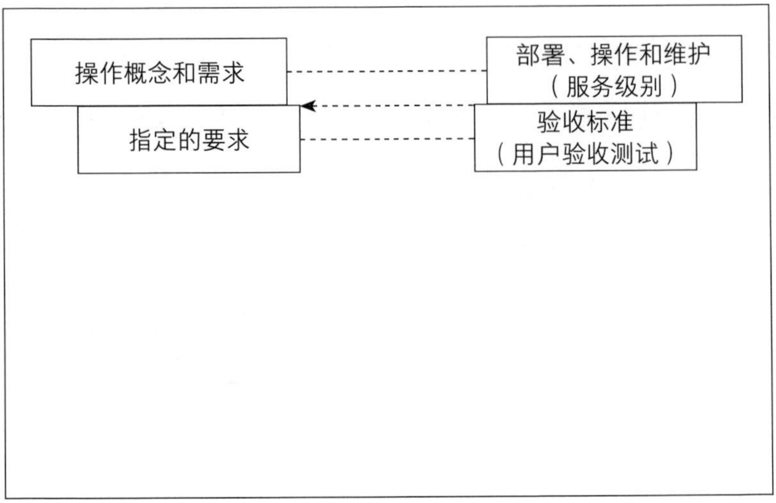

图7.4　V模型指定需求

你可能会问，哪个先创建：产品需求还是运营/服务需求。这是一个模糊的问题。有时，新产品的需求文档首先出现，然后是服务特性。有时候，许多项目背后的驱动力是服务水平的提高。在这个描述中，我把这两个盒子对接在一起来表示它们是一个东西。

◎ 设计水平

一旦我们有了需求，瀑布模型将继续进行设计和实现。在V模型中，我们将"设计"分为三个层次。我们从最高层次的理解开始，然后依次开发支持这个高级目标所需的细节。我们首先创造产品的高层设计或建筑设计。我们将其解构为详细的设计，回答这个问题："支撑我们的建筑需要什么结构？"为了支持详细的设计，我们指定了这些结构的组件，参见图7.5。

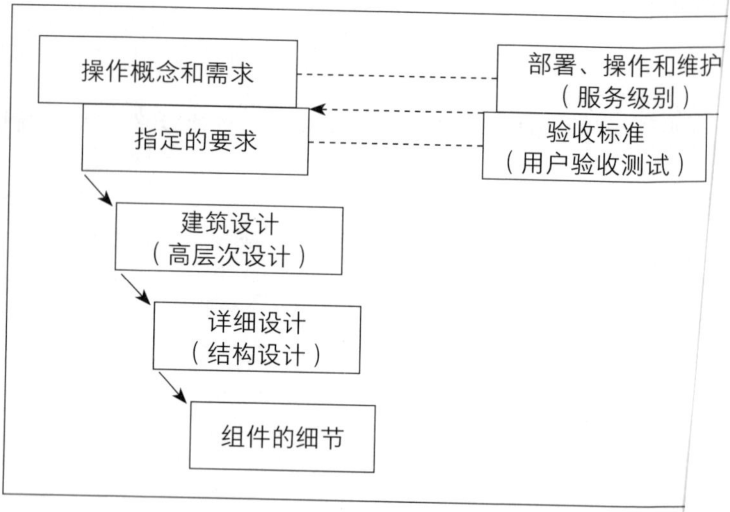

图7.5 V模型——设计我们的产品

记住V模型的主题是测试！具体来说，什么是“后端测试”来
可接受的？当我们考虑每个设计阶段时，我们也会考虑它们的测
组件级别——设计中最详细的级别——我们考虑每个组件必须
格，才能在我们的项目中使用。我们将此步骤称为单元测试。当
起，创建我们设计的结构时，哪些测试证明我们成功地将单元集
们）？这称为集成测试。然后我们把这些不同的结构组合在一起
验证我们的结构中的系统是正确的，这称为系统验证。请参见图

在软件开发中，一旦你有了程序员必须创建的组件的详细
人来编写变成这些组件的软件，这叫作编码。如果这种方法用
我们可能会讨论采购、手工创作、组件开发等。在我们的图中
将简单地在“组件细节”和“单元测试”之间插入一个“编
骤称为实现（其他人可能使用不同的术语）。现在将工作流连

容。然后，随着设计被实现、集成、聚合到最终系统并部署，测试将确认成功。当我们理想化的模型描述了一个直接的过程时，测试的一个要点就是找到问题。在发现问题时，需要返工。在实践中，模型进行了迭代。在计划时，为这种返工预留应急时间。返工的基准因行业和公司而异。

◎ 应用V模型

当大多数人讨论V模型只应用于软件开发时，这个模型可以应用于许多形式的知识工作。

>> 例子：打造一个定制的家 <<

假设你的项目目标是打造一个定制的家。当然，建造实体建筑的许多部分是建筑活动，现代建筑工作属于知识工作的领域。例如：

- 客户将对最终的房子进行测试，以确保它符合他们的梦想之家。
- 建筑公司将把这些测试的表现形式转化为需求。这些需求将支持架构设计。
- 当客户签署该高层设计时，建筑公司将创建配套的详细设计（定义使建筑图纸成为现实所需的结构的施工文件）。

然后这些结构需要组成部分。将创建一个物料清单，以便购买和交付建造梦想之家所需的所有东西。

- 当组件到达时，它们必须符合特定的组件规格。
- 施工队伍建造建筑物时，执法人员会视察有关工作。

● 随着建筑最终敲定，许多其他检查人员将确认是否符合分区制和其他法规。

● 最后，客户将检查工作，以确认它符合为他们的梦想之家达成的目标——即在第一个要点中达成的目标。

在这个虚构的例子中，建筑师、设计师和建造者都熟悉代码执行官员和检查人员将使用的后端测试、法规、分区要求等。作为项目经理，你的工作是确保在项目开始时，架构师和构建人员知道如何执行他们的工作，以确保通过所有后端测试。

尽管上面的例子过分简化了，一般的观点仍然是：今天，设计和建造一所房子需要许多知识工作者的参与，而建造小木屋的移民们并不需要考虑。该项目既包括实体结构，也包括知识工作。因此，即使最初的假设可能是最终的目标是一个实体建筑，瀑布模型是最好的起点，我们也可以看到V模型生命周期在开发管理此类项目的方法中占有重要地位。对于许多其他领域来说也是如此，检查一下你的初始假设总是值得的。

>> V模型/生命周期的哲学 <<

针对这个模型，总结如下：

● 它是管理涉及某种程度的知识工作（相对于简单的施工工作）的项目的一种方法；

- 首先考虑如何测试我们项目的成功；
- 使用分层的方法来设计我们的解决方案；
- 将分层设计中的每一步与测试阶段联系起来；
- 允许我们如果在某一阶段的测试确定了一个问题，就返回一步并再次尝试，直到我们通过该阶段的测试（为迭代制订计划）。

快速原型模型

一旦你有了原型，项目就成功了一半！这种项目生命周期管理方法也是如此。

即使米开朗基罗的故事不完全是真实的，它也为知识型工作者提出了一些有趣的观点：在创造新事物时，很少有人会在第一次就把它做好。是的，由有才华的、有洞察力的、有技能的人制作的第一稿可能是很美妙的东西（例如，米开朗基罗的原型、草图和草稿本身就是一件美妙的艺术品）。然而，在商业中，做好事是不够的。什么是足够好，什么是正确的答案——做客户想要的！在故事中，米开朗基罗不断地制作“草稿”，并与客户一起审阅。随后的每一个草案都考虑了前一个草案的反馈。重复这个过程，直到所有人都同意。一旦每个人都同意了原型，那么只有实施原型才能成功，至少这个模型背后的理论是这样的。

艺术可能是知识工作的最终形式。艺术家完全根据他们的想法来创造艺术。对艺术的判断是完全主观的。类似地，一个项目可能完全基于一个或几个人的想法而创造出一些东西。客户、顾客或市场可能会主观地判断结果。对于许多项目来说，

>> 米开朗基罗：杜撰的故事 <<

传说在米开朗基罗早期的职业生涯中，一位富有的客户要求在他的房子里装一件艺术品。在投入时间和精力创作之后，米开朗基罗自豪地完成了作品。然而，客户不喜欢最终的产品，并拖延了付款。在那之后，米开朗基罗学会了首先开发原型、草图和实物模型，并在他开始真正创作之前得到客户的批准。米开朗基罗通常会在得到批准之前提出许多版本。然而，一旦所有人都同意了原型，成功显然随之而来，因为现在米开朗基罗所要做的就是实现原型。结果，与许多艺术家不同，米开朗基罗去世时很富有。（这一策略意想不到的副作用是：如今，当人们发现米开朗基罗的原型、草图或草稿时，它往往会像我们所知道和喜爱的最终产品一样受到尊敬。这就是米开朗基罗的精湛技艺。）

成功的定义是在客户的眼中，就像艺术的成功是在旁观者的眼中一样。所以，那么每当你发现自己在管理一个具有高度主观成分的项目时，或者在不可能确定需求的地方，或者不可能创建完全新的东西时，你应该考虑使用原型模型来定义你的项目。

>> 原型是一种实验 <<

为什么科学家要做实验？它是检验一个假设、一个想法或一个理论。如果你确切地知道结果，那么它就不是一个实验，而是一个演示。实验的结果可以给你以前没有的信息和见解。原型也是如此。常言道：假装你是对的，然后假装你是错的去听。这种说法一直存在于项目管理文化中，因为它抓住了一个成功的原型制作过程的重要视角。具体如下：

1. 不要害怕原型制作。当然，要节约成本，保持小规模等。但是，要确保它代表了所有你认为对客户成功很重要的东西，或者对你的设计很重要的所有特性，等等。

2. 当向客户展示你的原型时，或者在测试你的原型的特性时，仔细地倾听和检查你所有的错误之处。在这个阶段，你所能做的最糟糕的事情就是采取防御性的态度，证明自己为什么是对的，或者试图去实现它。你将会收到使你的项目成功所需要的最重要的信息。不要浪费这个机会！

用一句话来说，原型就是一种实验，你可以在其中发现你的理论是错的，但它却很便宜，也很容易变成正确的！

螺旋模型和RAD模型

威廉·爱德华兹·戴明声称，在1950年，他向日本介绍了沃尔特·休哈特1936年发表的一个观点。戴明将这种想法称为“休哈特循环”。在日本，人们称之为“戴明循环”，这个名字一直沿用至今。如今，许多文本称这种想法为PDCA，或OPDCA——可能只能追溯到丰田的生产系统。无论如何，这个想法已经成为质量实践的基本工具。将PDCA与原型设计的思想融合，你就可以重新派生项目管理的螺旋和RAD生命周期模型。

我们将从图7.8开始。

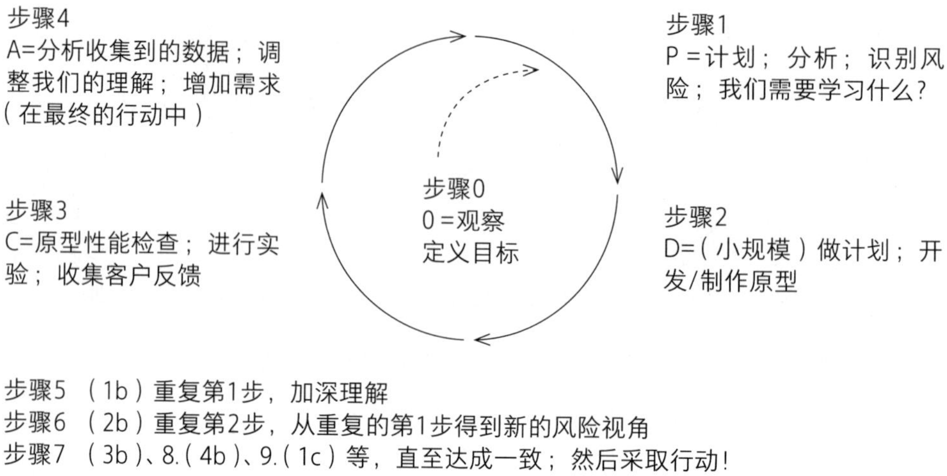

图7.8 原型化项目管理生命周期的PDCA/OPDCA哲学

● 0步骤：0是观察当前情况。定义项目目标的初始版本。这个项目的动机是什么？我们称这个步骤为0（0）是因为我们在开始之前做了这个。

● 步骤1：P代表“计划”。在这一步中，我们分析和识别我们的项目可能面临的风险。从科学的角度来看，我们问：我们需要学习什么才能使我们的项目成功？我们制订了一个学习这些信息的计划，其中可能包括建立一个原型。原型可能没有完全发挥作用。它只需要演示正在研究的组件，这样我们就可以回答手边的问题。

● 步骤2：D代表“做”。这里我们做计划。我们更倾向于小规模地做这个计划。我们也可以把D看作是开发（或制造）原型的工具，以解决我们在步骤1中提出的问题。

● 步骤3：C是“检查”原型的性能。进行我们的原型所体现的实验，或者换句话说，收集第2步产生的数据和反馈。

- 步骤4：A是“分析”收集到的数据。调整我们对这个项目成功必须完成的任务的理解，增加我们对需求的理解。
- 步骤5（1b）：有了这些精练的见解，我们回到步骤1。这一次我们将其称为步骤1b。在这里，我们分析和识别我们的项目可能面临的风险，基于我们从之前的原型实验中学到的。从这个角度出发，我们细化了关键问题，并制订了一个新的计划。
- 步骤6（2b）：开发新原型。
- 步骤7（3b）：检查新原型的性能，收集反馈。
- 步骤8（4b）：分析、调整、增加我们的需求。并继续。

有了足够的通过这个周期的螺旋，我们达成了一个理解——什么将使这个项目成功！我们只需要实现这个原型版本所代表的想法。我们称这是第4y步。现在，我们进入第1z步。第1z步成为一个执行计划。第2z步是为产品的最终版本制订最终计划。步骤3z是创建/建造/制造我们的产品。而步骤4z变成了行动：释放、宣布、发布……并享受/观察客户的成功接受（这会为下一个项目做好准备）！

为什么这叫作螺旋模型？因为后一个步骤建立在前一个步骤的基础上，所以这个过程通常被描绘成一个向外旋转的螺旋，直到每个人都同意设计的最终版本。

RAD代表快速应用程序开发。简而言之，RAD的一种方法是开发一系列原型，类似于上面概述的内容。每一个新的原型都变得越来越精细。最终（有时在软件中）的原型可以成为产品。至此，我们宣告成功！

因此，即使在我们开始的时候，没有人清楚地了解这个产品的规格说明，当我们到达过程的末尾时，我们已经得到了一个我们知道会让客户满意的产品版本。

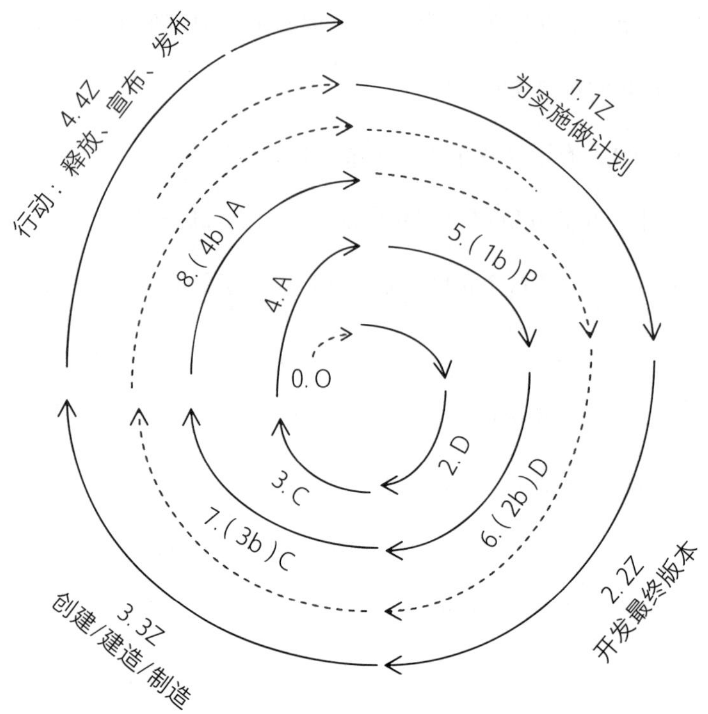

5.(1b)重复第1步，加深理解
6.(2b)从重复的步骤1，以新的风险角度重复步骤2
7.(3b)、8(4b)、9(1c)，以此类推，直至达成一致；然后采取行动！

图7.9　螺旋生命周期模型显示的PDCA/OPDCA哲学

敏捷的概念

在我们前面所有的项目管理生命周期中，潜在的假设是我们做事情的顺序是重要的。这些活动对前后顺序是敏感的（也就是说，只有在其他活动之后和之前执行时，该活动才有它的值）。假设顺序不重要？然后我们可以开发出完全不同的项目管理模型。

考虑一个团队为一本教科书撰写章节。读者学习每一章的顺序可能很重要。假设第5章建立在第4章的概念基础上。只要我们知道在写第4章的时候，它会涵盖这些主题，那么第5章就可以在第4章之前写完。一旦我们建立了每章所需内容的框架，那么每章的写作就会是顺序独立的。在这种情况下，一个团队可以通过独立于团队其他成员的工作来编写教科书。团队可以自组织完成工作的方式。

同样，在我们以前的模型中，我们认为需求是一个固定的东西。即使在项目开始时没有完整的文档记录，其思想是需求、是我们的团队需要发现的一个固定的概念。

假设一个人在一个环境中工作，在这个环境中，我们试图实现的广泛愿景是已知的，但是关于这个目标的细节是可变的。这并不像你想象的那么罕见；有些项目一开始可能只对需求有部分了解，因为在我们对项目有更多了解之前，不能完全了解需求。我们在项目中所做的事情将帮助我们确定需要什么样的需求。在这种情况下，需求甚至可能会发生变化。

对于上述情况，我们需要一种不同的方法来管理项目。

◎ 新的新产品开发方法

竹内广孝和野中郁次郎曾在《哈佛商业评论》上发表了一篇文章，题为《新产品开发游戏》。他们注意到许多新的软件开发项目使用的方法不符合经典的项目管理生命周期。他们把这些方法比作橄榄球比赛的混战。在这篇文章中，每个人都有自己最喜欢的部分（所以不要被我的重点所限制）；我碰巧喜欢自己组织团队的概念、重叠的开发阶段、对团队节奏的承认、在错误变得太昂贵之前尽早地管理错误，以及诸如此类的东西。这篇文章是敏捷历史上的经典，非常值得一读。

据说，当杰夫·萨瑟兰、肯·施瓦伯和麦克·比宴读到这篇文章时，他们产生了共鸣。他们扩展了想法，包括隐喻。他们将他们的框架（或项目生命周期模型）称为Scrum框架。

但是Scrum并不是解决上述挑战的唯一框架。2001年2月13日，在犹他州的斯诺伯德，一群思考这些问题的人聚在一起滑雪并讨论软件开发实践。他们提出了敏捷软件开发宣言。这一宣言由4项价值观和12项原则组成。

至此，你可能会想：我们什么时候开始使用敏捷方法/生命周期？本节的点睛之笔是敏捷不是一种方法。它不是一个模型，而是一种方式——一种原则和价值的集合，就像上面提到的宣言中概述的那些。一些试图体现敏捷价值和原则的模型或系统是：

- 晶体。
- 极限编程（XP）。
- 特性驱动的开发（FDD）。
- 动态系统开发方法（DSDM）。

还有很多其他的，这个列表并不完整。我认为随着时间的推移，其他敏捷实践也会被开发出来。每种方法都有其优点。对它们进行调查远远超出了本书的范围。

◎ 我应该在什么时候考虑敏捷

敏捷是一种来自小团队环境的哲学。人们有着密切的工作关系，可以面对面交流，这是不言而喻的。另一个特点是，进展来自于短期的、迭代的、增量的努力。工人们可以重复做一些事情，直到他们做对为止。此外，团队可以自发组织什么时候完成工作的组件。例如，Scrum方法的一个关键特性是，需要工作的任务积压总是可用的。团队可以选择在工作的“冲刺”中完成哪些任务。最后，如果在如何满足需求方面存在高度的不确定性（随着我们的发展，需求可能会被细化），那么你的项目可能适合敏捷宣言的概念，或者支持这些价值和原则的众多实践或框架中的一种。

>> 敏捷的警告 <<

查看最后一部分的特征，并考虑不适合的项目。考虑使用一个大型的、全球分布的、非个人的团队的项目。考虑到他们必须解决那些需要很长时间才能解决的问题。设想这个项目是类似于构建的，其中活动的顺序很重要。为了增加乐趣，让我们想象一下“管理”会说需求是灵活的，作为一种促进他们对范围扩展的渴望的方法，或者仅仅是一种避免让每个人都接受一组明确的需求所需要的工作（或政治资本）的方法。这个项目的赞助商想看起来在用最好的方法，所以他们把一个项目经理的职位定位为善于运用“敏捷方法”（其实并没有所谓的敏捷方法）。

我见过很多这样的情况。

那些在错误的项目类型中不适当地追求“敏捷”的人正在给这个有价值的哲学带来坏名声。敏捷有适当的用途，如果一个人将这些价值和原则应用到正确的问题上，应用在正确的环境中，应用在正确的团队中，那么敏捷思维就会有所帮助。但这并不是一根适用于所有情况的魔棒！

混合的生命周期——现实

项目管理生命周期、理论模型、价值和原则对于书籍来说是很好实现的。在书中，作者可以创造理想化的环境，在那里一切都很好。现实世界不是理想化的。只要有足够的力和能量，就有可能在几乎任何情况下，使几乎所有这些生命周期都起作用。还有另一种方法，我称之为混合生命周期。

任何具有实质性规模和复杂性的项目几乎肯定不会轻易地适合我们刚刚回顾的任何一个生命周期。

例如：考虑计划一次家庭度假。让我们选择瀑布模型来为家庭度假创建一个完美的计划——应该足够简单，对吧？首先，你收集每个人在假期想要完成的需求。然后你设计你的旅行，以满足所有的要求。然后你实现这个设计——你就可以开始你的旅行了。在此过程中，在你勾掉需求和目标列表时，验证了每个人都很开心。作为回报，考虑一下需要哪些维护活动，以便每个人都能回到正常的生活常规中。

这看起来非常合适！

事实上，我们的家庭度假计划遵循的是一个稍微不同的生命周期：

- 在早期，人们交换可能去的目的地的视频，分享小册子，提出时间表，还有一个样本预算（我们没有无穷无尽的钱）。这个过程类似于快速原型。

- 一旦我们确定了一个通用的目的地，一个高级的瀑布模型就可以用于一般的旅行计划、酒店、日程安排细节等。

- 然后我们的瀑布开始后退……也许像scrum一样的团队围绕某些组件进行开发：打包行李，开发关于宠物狗的管理计划，还有那个鱼缸如何处理？全家人聚在一起，以一种特别敏捷的方式完成不同的任务。

现在是不是搞清楚了？

在现实生活中，项目的不同部分就像不同的小型项目一样，为了使项目的每个子部分都能工作，你可以使用与团队产生共鸣的方法以及他们所处理的问题类型。成功的项目经理会使用他们所拥有的所有工具。如果技术没有帮助，那就修改它，让它有帮助。如果项目的一部分不适合你所使用的整个生命周期方法，那么对该部分项目使用不同的生命周期模型或哲学。根据我的经验，混合方法——恰当地使用所有这些方法的方法——是最强大的生命周期模型。

>> 要点总结 <<

- 项目是具有生命周期的临时生物。
- 有许多不同的框架和哲学用于组织和管理项目的生命周期。
- 根据手头项目的类型，你会发现一种类型的框架或哲学可能比其他框架或哲学更有效。
- 我们研究了项目管理中常见的5种框架（或模型、概念或哲学）：
  - ◇ 瀑布模型（或预测方法）
  - ◇ 螺旋模型和RAD模型
  - ◇ V模型
  - ◇ 敏捷的概念
  - ◇ 快速原型模型
- 在现实生活中，混合的方法将帮助项目经理获得最佳的成功机会：项目的每个部分可能就像一个小项目本身，要求项目经理为该部分项目使用适当的框架、概念或哲学。

第8章

规划项目——进度管理（时间管理）

如果没有计划，目标只不过是愿望而已。

——法国作家安东尼·圣艾修伯里

还记得第2章开头的情节吗？你注意到没有？根本就没有制订出真正能够实现目标的计划。当然，设定目标很重要，也很激动人心。如果计划很模糊，或者如果事不关己，不管提什么样的目标好像都行。不过，如果没有制订出可行的计划，那么目标就算不上是真正的目标，只能算是个愿望而已。这本书讲的可不是天马行空的成功。本章我们将通过制订、管理任务计划，实现目标，使目标不仅仅停留在愿望层面。

如果对这个主题深入研究，我们会发现项目规划先后用过两个术语。在2017年之前，业内使用的术语是项目时间管理。可以说，这个术语确实指代不清，容易混淆。2017年，项目管理学会发布了第6版《项目管理知识指南》（公认的行业标准），明确将术语更正为项目进度管理。我们将使用最新的（也可以说是最准确的）术语。不过自己做研究的时候，要清楚之前还用过别的说法。

项目经理最具有代表性的职能是活动规划和进度管理，也就是该做什么，该什么时候做。有以下五个核心职能：

- 项目经理必须明确要完成哪些任务才能实现目标。
- 有些活动必须具备先决条件，有些活动后续还要有相关活动。根据依存关系确定活动的顺序很重要。

- 估计活动需要的时间。
- 制作进度表（有些人会认为在确定活动顺序的时候就要明确进度。稍后我们将讨论二者之间的细微差别）。
- 项目经理必须管理进度。

这个职能清单还可以继续补充。不过，我们将重点讨论这些核心职能。

活动是指什么

字典里的定义不符合我们的需求。我们需要的定义要有助于我们履行项目计划的职能。多年来，我基于IDEFO的技术概念，提出了项目“活动”的明确定义。

>> IDEFO / IDEFØ <<

IDEFO是由几个缩写组合在一起的，代表ICAM功能建模函数，其中，O或Ø指功能建模，ICAM指集成计算机辅助制造。IDEFO还可以表示功能建模的集成定义。这一概念是在20世纪70年代由美国空军提出的，旨在提高制造业的生产率。

基于IDEFO，我发现项目活动必须具有五个特征：

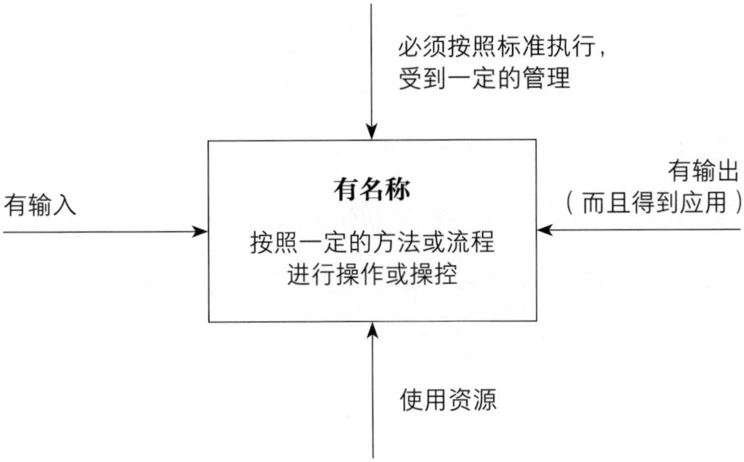

图8.1 基于IDEFO的活动定义

● 每个活动都要有输入，输入源可以是需求文档，也可以是前面各个流程的输出。总之要有输入源。

● 每个活动都要使用资源。事情不可能凭空发生。活动必须要有人力，必须要使用或消耗资源（在第9章和第12章，我们将详加讨论）。

● 活动必须按照一定的标准开展。活动必须符合某种规范，或者必须受到一定的限制。如果没有标准、规范或限制，那么活动就没有实质性的意义——因为怎么做都行。如果怎么做都行，那就不要在上面浪费时间。如果一件事不值得做好（即达到标准），那可能根本不值得去做。

● 有了输入，有了资源，有了标准，接下来要有方法和流程，这样才便于操作。没有方法或流程，何来活动可言？

● 最后，活动必须有输出或结果，而且必须以某种方式进行应用。几年前，我专门在定义中添加了输出“被使用”这最后一点。这点听起来可能很容易理解，但是我碰到过很多项目，其他的标准都符合，就是输出没有进行应用。如果在制订项目计划时（或者在接管一个项目时），发现某活动没有输出，或者输出没有得到应用，那么你可能马上就有机会节省开支了！这样的活动取消掉，不会对项目产生任何负面影响，因为它的输出没有得到应用。

根据我的经验，一个项目中必须执行的活动必须具备上述五个特征——否则活动就是无效的。这些特征有时并不明显，不过如果你的项目里有不具备这些特征的“活动”，那么你可能要有麻烦了。

为活动排序

如第7章所述，有些活动与前后活动关联很大。活动可能要具备先决条件（依赖关系），此活动还可能是后续活动（称为后继活动）的先决条件。

接连发生的一系列活动组合起来，就是“摘要活动”。为了讨论、操作等方面，可以对系列活动统筹管理，而不考虑其中的细节。

不过，值得注意的是，摘要活动中的系列活动并不一定有依赖关系。有时，摘要活动可以把一些并行的活动囊括进来。这样，一个摘要活动自身就是个小项目，如方框中示例所示。

>> 刷房子：有序活动和并行活动 <<

以翻新房子为例。改造计划可能包括一个摘要活动：“粉刷房子”，包含很多有序活动，比如：

打磨/找平→打底漆→粉刷

这些活动必须按照这个顺序进行。

不过，我们在打磨/找平墙面的时候，可以同时挑选油漆的颜色和品牌。在打底漆之前必须选好油漆品牌，确保油漆与底漆相匹配。油漆品牌和颜色的选择必须同步进行，同时完成。这些活动之间都存在某种联系，但它们不一定非要按照固定的顺序进行，有些可以同时做。不过，因为这些活动密切相关，我们可以将其全部囊括进“刷房子”。

所以，关于活动，我们有独特的界定。我们已经明确这些活动相互依存，并按照适当的顺序进行排列。我们把相关的活动组合为摘要活动，同时，我们知道摘要活动中的一些事情可以同时进行。

现在我们必须将摘要活动排序。我们要按照单一活动的管理方式来管理摘要活动——摘要活动可能和其他摘要活动有先后，也可能有依赖关系。以房屋修缮项目为例，也许我们还想“安装新窗户”和“重新装修车道”。我们可能会选择先“安装新窗户”，以防破坏外墙，就算安装时损坏了外墙，也可以通过“粉刷”来修复。也许“整修车道”要安排在“粉刷房子”之后，以防油漆溅到车道上。

预估活动开展时间

我们现在已经知道了该做什么，并且知道了不同活动间的关系，将不同活动分组、排序，接下来，我们还需要知道完成各个活动需要多长时间。活动完成所需的时间是项目管理最基本的要素。就算其他事情都做到位了，但如果你低估了活动所需的时间，那么项目肯定会滞后。

这里还有个小问题。一般来说，由于种种心理原因，人们对时长的估计总是不太现实。我们的大脑往往会低估项目需要的时间和资源。一般来说，当面对真相时，我们的大脑不愿意相信。

◎ 计划谬误——人们往往会低估

卡尼曼和特沃斯基1977年为美国国防部高级研究计划局做了一些有关军事项目的开创性研究。在这项研究的基础上，他们发现，人类具有长期、持续低估的倾向，并提出了“计划谬误”的概念。

一般来说，项目规划很大程度上依赖于直觉判断和有根据的猜测。“大致估计”这个术语（通常也指估计值）是指在没有足够信息的情况下进行估计。在现实生活中，通常要在信息不完善的情况下推进项目计划。我们都会估计，有一定的道理。那么，专业知识和经验难道就不重要吗？

每个人都记得估计比较准的时候，而会刻意忘记或下意识地减少他们估计不太准的时候。通过科学跟踪，卡尼曼和特沃斯基发现，在进行项目规划时，专家的估计并不比普通人准多少。其他研究人员验证了他们的这个研究结果。此外，这项研究还表明，征求更多人的意见并不会得到更准确的答案——咨询再多的人也无法弥补这个缺陷。这是为什么呢？

大多数人讨厌的偏见是系统地将时间和资源需求最小化。人们倾向于认为可以花更少的时间和资源就能完成某项任务。有些人认为这是由于人们有不切实际的幻想，但卡尼曼和特沃斯基发现，即使人们会因低估而受到惩罚，但他们仍然会低估某些关键细节（这就说明人们有这样的倾向并不是因为他们有不切实际的幻想）。

如果人人都会低估，那么即使让再多专家、再多有经验的人士估计，估计结果仍然低于实际。

卡尼曼和特沃斯基的研究发现为我们提供了管理“计划谬误”的方法，我们马上就会讲到。

◎ 管理计划错觉

作为项目经理，一旦认识到计划谬误的存在，就要采取措施尽量减少其影响（我们接下来将详细讨论）。现在，假设你制订了准确的计划，并把计划呈给高层管理人员审阅。他们理所当然地认为自己是这个行业的“专家”。尽管你做了那么多工作，但其他人看到后，第一反应往往是拒绝接受这样务实的项目安排。这是为什么呢?

卡尼曼和特沃斯基还发现，计划错觉对一个人心理的危害和视错觉一样大。以你最喜欢的视错觉为例。想办法证明这是一种幻觉（也就是，让你的大脑相信它看到的实际上并不存在）。然后，把用来证明的东西拿掉，幻象就会重新出现。项目经理给其他人看项目计划时，道理是一样的。

还有一些人则倾向于认为有可能缩短活动时间，减少消耗的资源。项目经理可以证明为什么这样的看法不正确。不幸的是，其他人会回忆起一些“经验”，让他们觉得，项目计划不可能准确。当然，你知道他们的想法为什么不准确（因为他们的记忆不完整），但是他们自己没有认识到这一点（否则他们就不会遗漏其他记忆了）。因此，尽管你收集了很多证据，但他们内心深处仍然会觉得项目经理高估了时间和资源。

那么该如何解决呢?

人们对这个问题有广泛的认识，但是目前还没有公认的解决方案。如果你找到了有效的解决方案，那就用它吧。我自己喜欢多管齐下的办法。

设定基本规则

在组建治理团队时（参见第4章），必须制定一些规则来规范项目估算。也就是说，要知道大家都会觉得估算太高（持续时间太长，资源消耗太多，成本好像太高）。如果在过程中出现了错误，我们就要修正这些过程错误，而不能只调整结果。如果过程无误，那我们就要接受结果，不能强求，非要让项目达到想要的结果。

小模块和定期检查

我试着把活动分解为"活动原子"，然后整合为摘要活动。具体来说，就是找到小规模的工作单元，工作单元的规模要满足两个条件：一方面人们知道需要什么才能完成这项工作，另一方面项目规模不会产生不必要的开销。根据我的经验，2周到3周能完成的活动效果似乎很好。对于一些敏捷项目，人们普遍认为，"冲刺"时间（团队集中攻关某项活动的时间）应该在1周到4周。这和我以往的规划经验大致一致，但也会受到检查/会议日程的影响。

如果使用的是敏捷开发法，团队可以每天开会。因为他们管理的问题一直在变动，所以每天开会可行，而且符合敏捷开发团队的运行模式。而在其他情况下，每日例会可能过于频繁，我们不希望人们把时间都花在开会上，他们需要时间做实实在在的工作。

大多是开周例会。如果是每周开例会，那么项目经理管理的最短活动原子保持在2周左右比较合理（整个活动持续3周到4周可能更合适）。当人们对超过4周至6周的活动估算时，我发现卡尼曼和特沃斯基提出的计划谬误效应会表现得非常明显——因为一项活动涉及的内容越多，记住所有内容就越难。所以，如果有人说他们要花6周或更长时间做某件事的时候，我会试着把这件事分解成有意义的“原子”，每个原子持续2周、3周或4周的时间。然后，通过整合摘要活动，我们对耗时更长的活动做出估计。

使用真实的数据

只要可能，参考历史数据来估计当前的活动。在理想状况下，根据历史数据，你可以知道类似的活动实际耗费了多长时间，要注意哪些问题。请注意：如果活动原子的历史数据超过了4周到6周，那很可能有问题。

和真正执行任务的团队确认

估计好活动时间后，要和实际执行任务的人员确认。最好让他们接受估值，并在同意书上签字。

让相关人员签字有两个作用：

1. 在签字前，他们会确认估值是否准确。

2. 一旦他们签字同意，他们就更有可能把估值变为现实。

根据认知失调理论，人们都不喜欢犯错，人们不想作出承诺，又做不到。所以，一旦他们签字确认了活动时间，他们就更会竭尽所能把自己说的话变为现实。如果工作人员不是被迫签字同意活动时间，那么认知失调有助于在目标时间内完成项目。

活动预计耗时得到工作人员的认可是第一步，接下来要调查一下他们过去完成工作的表现，两相比较。人们的工作大多会打一定的折扣。如果弗兰克告诉你，他需要3周的时间完成某项任务，但从他过去的表现来看，他需要4周的时间。那么，未来弗兰克估计的时间要增加33%。如果金姆说她要花4周的时间完成某项任务，但她以前得花4.5周的时间——那么以后她给你的估值就要加上12.5%。

◎ 估算工期的结束语

没有一件事会完完全全按照计划完成。如果估算的时间是一个范围区间，实际效果更好。许多项目管理的教科书认为，要关注三个时间：最早完成时间、可能性最大的完成时间，以及最坏情况下需要的完成时间。除非使用项目计划软件来确定时间区间，否则三点固定法根本不切实际。此外，最早完成时间一般来说根本不可能实现，那为什么还要估计这个时间呢？

另外，如果你按照最坏情况来制订项目进度表，那么会出现另一种心理现象。对许多人来说，给他们多长时间，他们就会拖多久。甚至还有些人，即便如此，不管你给他们多少时间，他们总要拖延一点点。

我的方法是计算出活动需要的时间，据此确定项目进度。时间是这样计算出来的：

- 征求活动原子负责人（他们要确保活动按时完成）的意见，让他们估计一个可能性最大的工时，一个最坏情况下的工时。让他们签字确认这两个工时。
- 然后，根据他们过去预测的实现情况，根据“折算因子”算出可能性最大的工时和最坏情况下的工时。
- 根据历史数据，算出折算后的可能性最大的工时的平均值。然后算出平均值和可能性最大的工时估值的差，加到最坏情况下的工时的估值上。
- 这样我们就算出了可能性最大的工时（MLT）和最坏情况下的最长工时（WCT）。

现在我用WCT减去MLT，得到了活动的工时差（用希腊字母△表示），因此WCT−MLT=△。

△在项目计划中有很多用处（一些日程安排工具可以输入△的数据，并推算出

>> 警 告 <<

小心出现“愿望计划”——基于愿望制订计划。

估算是通过理性推断来确定某件东西的价值。

而瞎猜则是根据第六感（猜测、直觉等）赋予事物一定的价值。

希愿（项目管理圈子常用的一个俚语）是根据自己的愿望（我们希望怎么样，而不考虑其他事情）来评估事物的价值。

你的项目计划属于什么类型，取决于计划各部分的性质。是基于估算的计划？是基于瞎猜的计划？还是基于希愿的计划？

如果项目经理根据经验或其他事实判断出一个活动要花4周的时间，但管理层希望任务在2周内完成，那么麻烦就来了。计划的各个组成部分都是一厢情愿。在这种情况下，就算计划很详细，不管计划采取什么样的形式，这样的计划都称不上是真正的计划，只不过是一厢情愿而已。这个概念不单单用于工期的估计，也可用于项目计划的其他方面。在这种情况下，就要制订计划，以便在愿望没有实现时收拾残局。

工时差对项目的影响）。

第一种方法（简单折中法）： 先算出所有活动的WCT和MLT，然后用公式（WCT+MLT）/2制订活动计划。这种方法的原理是，各个活动工时差的误差平均分布在项目执行过程中。一些活动用时MLT，一些活动用的时长比MLT短，而一些活动用时WCT。如果项目规模足够大（理论上），那么能够实现整体平衡。

第二种方法： 建立摘要活动时，使用MLT做计划，但要把每个活动的△加起来。最后创建一个活动——可以称之为综合活动——把所有时间差都累加起来。有时我把综合活动缀在各个摘要活动的后面，有时单独放在摘要活动后面。治理团队（和其他人）可以清楚地看到，我们正努力实现“最大限度目标”（在MLT内完成任务是最大限度，但这是我们奋斗的目标）。但是，规划与此项目相关的工作时，我们要用WCT（要把工时差加回去）。所以，如果我们可以快速结束一个活动（在MLT内完成任务），那我们的进度就往前赶了一点。提前完成项目可没有人会不高兴。如果需要的话，我们还有工时差可用。

还有很多办法应用工时差，选择最适合的即可。

安排活动进度

掌握了上面所有信息后，就需要安排活动进度。合理安排进度有点像解决多层次的动态难题。必须确定各个活动的起始时间，然后根据活动所需时间，确定活动的结束时间。那么，安排活动进度和给活动排序有什么不同呢？我们在上一个阶段不是已经都做完了吗？很多人把两个阶段整合在一起，综合推进。但是，根据我的经验，给活动排序和安排项目进度只是差不多而已。二者主要的区别在于，给活动排序时，我们关注的是活动之间的相关性——但是活动也需要消耗资源（还记得本章开头说的五个特性吗）。活动快要开始时，所需资源都备好了吗？安排进度时，必须要满足对活动排序的所有需求，包括能够获取所需的资源。

◎ 避免单线执行

真正的项目是个极其复杂的网络，里面涉及大量活动，相互依存，相互关联。

等我们探讨项目细节的时候，第7章中理想化的生命周期将会进化和成长以适应现实。模型的原理仍然很重要。例如：我们该什么时候进行单元测试？什么时候进行验收测试？项目某个环节是否需要原型设计？但是，对于真实的项目，如果我们一次只做一件事，那么项目持续时间对于任何人来说都太长了。

如果项目的各个活动、子项目或摘要活动按顺序逐一发生，这样的流程是单线执行流程。想象一下，把珠子一一串到一根棉线上，做条项链。如果那根线断了，那么所有的珠子都会掉下来，整条项链也就没了。单线程执行计划也是如此：任何一个步骤失败或中断就会导致整个流程不能按时完成。

我们要考虑两个问题。一是如果我们按顺序推进活动的开展，那么项目工期过长。二是单线执行流程中的各个流程都是潜在的故障点。基于此（以及其他原因），我们要加强规划，争取能够同时推进各项活动。这样，项目耗时更短，效率更高，也更有弹性。就算项目的某个环节出了问题，我们可以弥补那个环节的问题，同时还不会影响项目整体交付时间。

当然，资源往往不足以保障一次性完成所有的事情。因此，就算是活动之间没有关联，也要考虑资源的问题，所以要合理安排。

◎ 关键路径

在制作进度表时，项目经理会使用关键路径，这是人为提出的概念。为了理解项目经理对关键路径的定义和论述，我们首先需要理解两个术语：“浮动”和“自由浮动”。

假设有一些需要顺序执行的活动，整合为一个摘要活动。假设完成这个摘要活动所需要的时间比项目工期要短。另外，假设最终目标的某些方面依赖于这个摘要活动。只要这些活动在项目整体结束之前完成，就不会影响项目的交付日期。因此，你可以想象这些活动在项目计划中“浮动”，这些活动的日程安排并不关键，只要在项目结束之前完成即可。项目经理将这类活动的结束时间和项目结束时间之间的时间差称为浮动。如有必要，可以推迟这些活动的启动时间，只要不超过上述时间差即可，而且还不会造成项目延误。请参见图8.2。

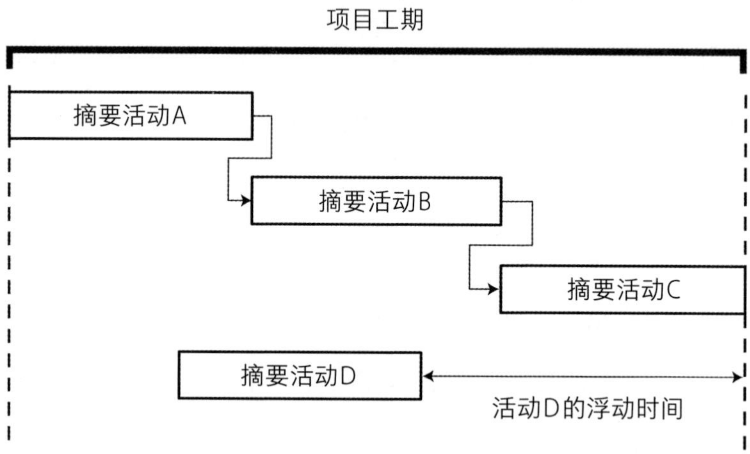

图8.2　浮动的描述

现在假设还有另外一个活动，必须等摘要活动完成后才能开始。那么，从摘要活动结束到相关活动开始之间的时间称为自由浮动。

搞清楚了这些概念，我们就可以定义关键路径了。项目的关键路径没有浮动。这个定义虽短，但隐含的意义很重要。想想我们之前说的那一系列单线执行活动。如果它们是零浮动，而且活动之间也没有自由浮动，那么它们就形成了关键路径。关键路径上的所有活动都是关键路径活动。任一关键路径活动延迟，都会导致项目延迟（参见图8.3，其中加粗的活动是关键路径活动）。

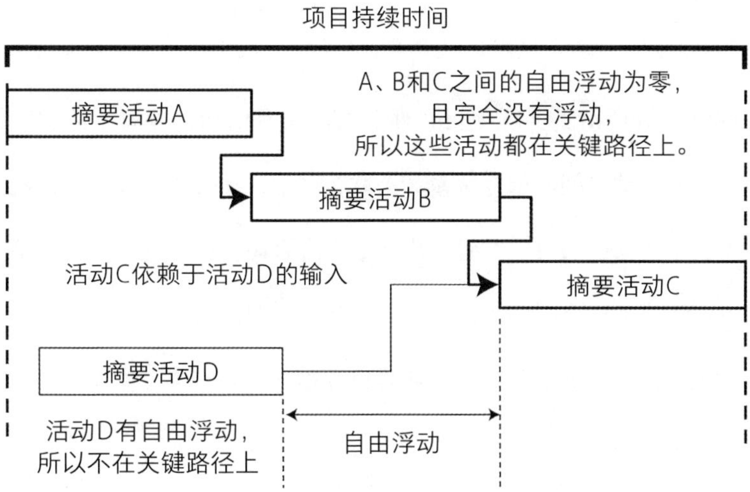

图8.3　自由浮动和关键路径的描述

从项目规划的角度来看，项目经理要把风险较高的活动，也就是不太可能按时完成的活动找出来。然后他们尽量不把这些活动安排在关键路径上。关键路径上的活动可以移动、调整、移除，所以关键路径可能出现改变。为确保项目成功，项目经理要履行的一个重要职能，就是要密切关注关键路径，确保关键路径上的活动顺利执行。

>> 小贴士 <<

“浮动”和“松弛”这两个词的意思差不多，可以替代使用。松弛时间是指在不会影响项目工期的前提下，项目可以拖延的时间长度。“自由松弛”和自由浮动的意思一样。

管理进度

现在你已经梳理出了实现项目目标所需的所有活动，弄清了活动的特征。你已经厘清了所有活动之间的依存关系和关联，并给活动排了顺序。你已经估算出工期，并且得到了大家的认可。并且，你已经综合资源供应情况，制订了活动执行时间表。大家都接受了这个时间表。你已经把超乎想象的大量因素综合起来，制订了一个项目计划。这个计划不但可行，而且设计很巧妙、完善。你坐下来，有点自鸣得意——感觉真不错！

但是，俗话说，任何作战计划在遭遇敌军后都不堪一击。项目执行和实施，以及现实情况是项目进度的大敌。所以，在这个阶段，项目经理的主要工作就是了解项目最新进展状态，根据资源供应进行调整，根据不可预见的情况重新进行规划。

项目计划涵盖的内容如此之广，彼此间的联系如此复杂，往往是牵一发而动全身，引起的连锁反应超乎你的想象。根据最新变化不断调整项目计划需要投入大量的工作。

回想一下我们对项目的定义。根据定义，在没有外力帮助的情况下，普通人根本没法完成其中的一些任务。所以，现在是时候认真讨论一下可以使用哪些辅助工具了。

◎ 项目管理工具

总的来说，这本书主要强调管理原则，不太讲管理技术。管理原则的持续时间长，而技术的持续时间较短。然而，可以应用当代管理技术来支撑管理原则。进度管理工具就可以发挥这样的作用。要迎接项目进度管理的挑战，项目经理肯定需要使用相关的工具。

我见过现代大型组织只用电子表格来管理复杂的项目。让我想到，只要有充足的劳力，人们就能像电脑一样，完成计算、制表和归档工作。在第二次世界大战期间，作战方往往会腾出专门的房间，里面挤满了人，进行复杂的举止模拟，计算武器轨迹等数据。现在，重大的商业活动和军事活动都不会再用人工来计算了，安装有专门软件的现代计算设备更适合应对此类挑战。同理，在当今世界，如果你打算认真管好一个实质性的项目，那么只使用电子表格等人工密集型工具就显得太荒谬了。

如果贵组织或贵组织的项目管理办公室没有标准的项目管理软件，那就主动做些调研。在撰写本书时，市场上已经有很多项目管理软件工具，很多效果不错而且价格适中。甚至还有一些公用软件、免费软件和基于网络的工具，表现同样亮眼。找能够满足你的需求、适合你的实际情况而且价格实惠的软件，学习使用方法。同样，如果贵组织或贵组织的项目管理办公室已经有标准的工具，那学会用这个工具。之后，你就只需要集中考虑理念的问题，而不必再担心理念如何实现的问题。

◎ 可视化和常见软件特性

我们的大脑在处理图像时很神奇：如果站得离修拉的点彩画太近，你根本辨识不出图像。但是退后一步，让大脑看到画的全景，就能得到格式塔式体验——大脑可以在混乱的视觉影像中找到意义。我们可以看清修拉的名画《马戏团的巡演》，以及……我们可以看出项目计划中存在的问题或机会。只需轻轻点击鼠标，就可以用现代软件工具生成各种可视化的影像，复杂度和清晰度可以调整。

不同项目经理可能有不同的需求和偏好，但我认为，项目规划软件必须具有以下基本功能。

- 甘特图功能：甘特图是经典的横道图，表示时间轴上的活动。通过甘特图，可以看到项目某些部分的情况。同时，还可以把多个活动整合为一个摘要活动。使用甘特图，可以很清楚地看出哪些活动可以同时开展，哪里存在浮动，等等。现在的项目经理沟通的时候会谈到这些内容。
- 显示相互之间的关系：能够显示活动之间的依赖关系、关联和联系（即哪些活动是前提，哪些活动是后续）。一般来说，通过软件，可以用箭头把甘特图的条形图连接起来，以此显示不同活动之间的关系。
- 关键路径规划：软件必须能够把关键路径标识出来。真正的好软件还能够重新规划关键路径，管理关键路径。
- 自动更新：更改某个活动（如更改开始日期、持续时间、依赖关系等）后，软件可以自动计算出对整体计划的影响。

如果一个工具实现不了上面四种基本功能，那我怀疑这个软件无益于项目进度管理（我认为电子表格不适合管理重要项目计划，就是这个原因）。

图8.4是一个简单项目计划工具的一部分内容，包括：

- 用甘特图展示活动；
- 活动之间的依赖性；
- 过程中存在自由浮动；
- 这些活动可以整合。

这个工具还有一些有用的功能，在图中没有显示，包括：

- 关键路径上的活动可以标为红色。
- 与松弛/浮动时间的连接线可以用颜色突出显示。

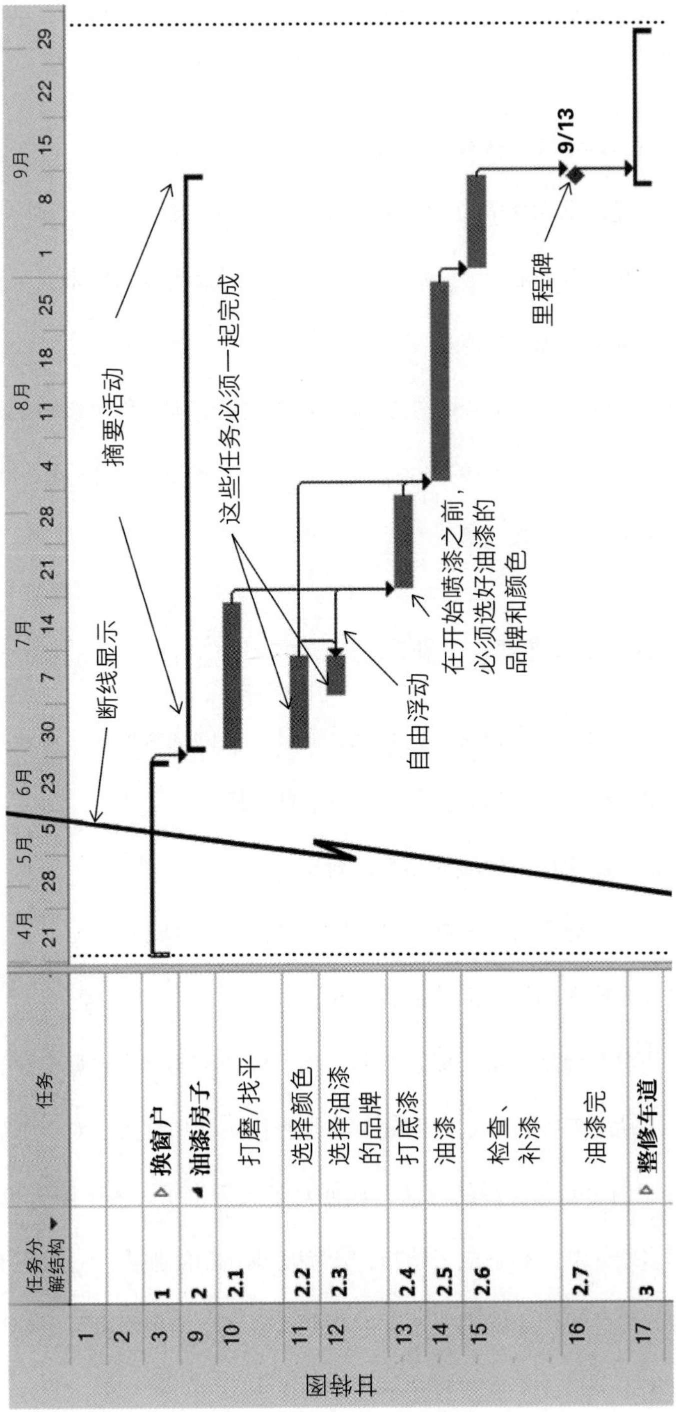

图8.4 简单项目计划工具摘要

● 如果某活动被调整或延迟了，或者时间缩短了，与之相关的活动的相关数据会自动更新。

现代项目规划工具还有一些有用的功能：

● 能够分配、管理活动所需资源。基于此，现代项目规划工具大多可以确定资源荷载。如果资源被“超额预定”，那么软件会用不同方式展示出来。项目规划工具可以均衡荷载，调度资源，实现资源的合理利用。

● 展示与任务分解结构（WBS）的关系。好的项目管理软件可以明确展示任务分解结构→活动→资源分配之间的关系。全面了解活动全部信息以及人员的需求，是项目成功的关键（更多内容见第9章）。

◎ 跟踪进度，更新进度，重新规划

跟踪进度、更新进度、重新规划，是现代软件工具的优势所在。真正优秀的项目计划软件可以整合组织内的其他信息。具体信息包括：

● 允许其他部门提交摘要活动的详细计划；

● 时间报告工具，允许人们根据项目计划安排自己的时间；

● 进度报告，允许人们报告活动进展情况。

在这些工具还没有像现在这么成熟之前，项目经理需要召开大量会议，到处找人，收集信息，手动更新项目计划，明确工作是否按照计划推进。对于那些小型组织，人工跟进可能仍然是最实用的方法，即便对于大型组织，人工跟进也很重要。不过，现在有很多软件基于网络或云运行，经济实惠，功能强大。过去只有资金充足、拥有大型IT部门的组织才能用上这样的功能，现在小型组织也可以使用。就算组织和项目的规模不大，人工更新数据不需要费多大力气，这样的工具也具有宝贵

的价值。

如果没有正确使用工具，随时掌握项目状态、更新计划和调整安排会很麻烦。所以，一定要使用正确的工具（要争取组织的支持）。

>> 要点总结 <<

- 没有计划的目标只是愿望。
- 当心“愿望计划”：那些看起来和行为像真正的项目计划，但有一个或多个组成部分是基于人们希望发生的事情，而不是现实合理或可能发生的事情。
- 活动有5个定义特性，如果你不能识别这5个特性，那么你可能无法处理该活动。活动包括：接收输入、使用资源、按照某种标准或控制执行、遵循某种方法或过程，并生成所使用的输出。
- 有些活动需要排序，上一个活动或接下来的活动对一个活动的成功很重要。
- 活动需要时间来完成。由于计划谬误，我们不能用直觉甚至专家意见来估计某件事需要多长时间：

◇ 治理团队必须支持评估过程。

◇ 创建可以在2—4次例会中完成的活动。如果会议是每周开一次，那么一个活动不应该超过4周。如果每天都开会（就像在一些敏捷项目中那样），那么一个活动应该更短（敏捷活动往往是这样的）。

◇ 尽可能将当前活动持续时间与历史例子联系起来。

◇ 与将实际执行该活动的人员确认持续时间，并从他们那里获得签名。

- 制订计划，将最可能持续的时间和最坏情况下持续的时间都考虑进去。
- 活动调度必须考虑资源的使用。
- 始终关注项目的关键路径，并在可能的情况下将高风险活动排除在关键路径之外。
- 学习和使用项目管理办公室选择作为标准的软件工具。如果你的项目管理办公室没有选择一个标准软件，请找到一个适合你的目的的标准软件，并学习如何使用它。

第9章

项目人员配备计划

制订人员配备计划时，项目经理须考虑以下事项：

- 项目需要哪种类型的人员？必须具备何种技能？人员具备相应能力吗？
  - ◇ 商品型：几乎每个人都可以胜任，该类型是可替代的“商品”。
  - ◇ 技术型：人员的能力或经验影响其生产效率。
  - ◇ 知识型：人员拥有某方面的思维能力或知识。
  - ◇ 专家型：要求是某方面的专家。
- 资源配置如何影响任务完成的时间——更多人会加快完成任务吗？
- 分配资源的管理需要什么条件？
- 是否有特殊的资源（只有某个人才能做这项工作吗）？
- 是否有资源计划备案？（如何管理疾病、伤残以及人员流动率？）
- 资源的负荷极限是什么？人员是否负荷过重或不足？

（如有需要考虑的其他事宜，请添加到上面的列表中。）

了解什么是项目人员配备后，我们该如何着手？

首先，咨询单位的项目管理办公室，确定需要遵守的相关要求。要清楚你单位的人力资源部门在何时以及以何种方式参与项目，尤其在雇用人员的时候。其次，根据项目经理以及项目管理办公室（见第3章）的类型不同，人力资源部门可能有其他要求。如果使用了临时工、外包工、联合工（由双方共同管理）或其他类型的员工，采购部门可能有其他要求。了解公司对角色的要求，采纳公司提供的建议。

人员配备

大部分公司利用以下四种典型的人力资源进行人员配备：

1. 内部人员：该类人员已经在公司工作。公司中的某个人负责对该类人员进行监管。根据需要，这类人员经常由管理部门分配并参与项目。

2. 客户提供的人员：这类人员来自客户的公司，并由客户的公司负责管理。该类人员可以按需为某些项目活动提供帮助。（若客户招聘人员或把活动外包给第三方，我们依然可以依靠这类客户，因为管理这个过程的是我们的客户。）

3. 雇佣人员：公司会雇用人员参与项目。雇用后，内部人员（以上的类型1）将负责管理这类人员。通常公司招聘人员时，人力资源部门将处理许多行政细节。但如果通过第三方招聘人才，采购部门或采购与人力资源部门共同管理招聘过程。

4. 高端或专业人员：假如公司将高端人才搜寻工作委托给第三方，项目活动结束前，需要考虑谁将提供并管理这类人员。（通常由某个人管理这些关系，可以是采购部门、人力资源部门的人员，或两个部门的人员，或一个专办员。）有时，此

>> 贴　士 <<

有时临时人员被称为“顾问”。真实顾问对其工作进行自我管理，产出成品（属于第4类）。若公司管理员工的活动，那么这类人员也许不是顾问，而是临时人员（第3类）。人力资源部门作为合法的组织，可以区别这种差别。要与项目管理办公室、人力资源、法律和管理团队协作，避免此类问题。

类第三方是专家或“真实顾问”的形式。

◎ 关系管理

以上所有情形中，其他人负责监管工作中的人员。项目经理也有一定的监管责任，但除非是指导型项目管理办公室成员（见第3章），那么大多数情况下，你不会成为人员管理者。你会与员工保持密切的交流，直接参与与他们的讨论，直接参与监督与组织，分配新的任务，说服、凝聚……但是大多数情况下，你并非员工的经理。记住，员工更关注的是经理，并不是你，因为经理是那个给他们签字、评价他们的表现以及项目结束后与他们共事的人。

现实中，并非所有的事情都确定无疑。即使在同一个项目中，根据员工的来源不同，项目经理和员工也会有很多不同的关系类型，甚至管理的水平都会决定二者的关系。如果要为项目配备人员，需重视你和员工之间的关系。了解这一点，你会清楚在配备人员时，你需要向谁求助，你会清楚如何管理人员，认清自己对人员管理的责任和权力范围。

不计以上概念的细微差别，一般你需要得到经理的同意和支持。你需要征得管理层面的同意，获得人手。需要得到他们的同意，给人员分配工作，规定人员的工作重点。招聘人员时也是如此，你需要得到人力资源部门的同意。对于关系的建立，你需要得到采购部门或相关经理的同意。根据公司的情况和项目的性质，你需要得到各方的支持。一般你的管理团队有一些好的建议。

回顾任务，你会发现你真正需要的人员类型，考虑人员从哪里来，发现人员如何管理。在管理团队中，管理部门的代表可能要有一席之地——如此才能得到他们的同意和支持，反过来他们为你提供项目所需的人手。

如此描述，意味着你需要向管理团队要人手。这就简化了沟通、展示、会谈和互动。之所以谈及以上四类人员，是因为即使你向管理团队要这四类人员，但从概念来讲，各类都有自身的缺点。

- 内部人员：你需要处理公司内部行政事务以及组织权衡工作。
- 客户提供的人员：管理客户同时还要处理很多由此而来的其他问题。
- 雇佣人员：人员获得、试用、正式工作的时间需要考虑（可以将此设计到项目中去）。雇用后，你不得不与管理他们的人打交道。
- 高级或专业人员：这类人员具有特殊性，难以获得，需求特殊。将部分工作单元交给第三方，需要你明确可交付成果、对成果的要求，以及其他参数。这就像一个大项目中的迷你项目。

管理不同类型的劳动力已有很多著述，将不在此赘述，强调以下几点。

- 培养你的治理团队并为其配备人员，以便它代表整个组织的经验。
- 注意到这些问题。
- 与你的治理团队一起建立你的项目团队，同时留意不同类型的劳动力的各种状态。借助他们的经验，做有益于组织的事情。

◎ 备份计划

项目人员配备时，记住他们毕竟是人。他们不是激光硬化的齿轮或链轮，不是工程机械或自动化的机器。他们是人，他们容易生病、受伤和请假。并且他们的“软件”——他们的理解、处理和记忆事情的方式，他们接触他人、与他人共事的方式——也不容易预见。而项目却无法离开人这种资源。所有项目依靠人。从某种层面上来说，所有商务活动都是人对人的，因为依靠的是人。永远不要忽视这个层面，否则你的项目将很快出现问题。

同时，你有义务帮助项目中的所有人成功，有义务帮助你的单位整体运作成功。不以任何方式降低每个人的重要性，但是记住：项目依然是最终目标。为每个人做正确的事情，但重要的是不要让每个人的任何问题影响每个人的成功。那么，尤其对于从事关键工作的人员，要有人员备份计划就显得很重要了。

要解决的最简单的问题也许是你逃避的问题。你需要记住，永远去欣赏项目中的同事，欣赏他们生而为人的事实。在你的人员配备计划中，考虑这个问题：如果有人退出，事先没有任何征兆，如何保障项目进行下去？我们有可以在任何时间了解工人实时工作状态的“记录计划”吗？别人可以通过工作记录，让工作得以延续吗？是否有人得到他们的指导、训练？又或者组织内有人可以替代他们吗？

备案人员是否：

- 十分熟练；
- 较为熟练（一般对项目和工作较为熟悉，随时可以上手）；
- 不熟练（有人手，但上手需要时间）。

定义人员需求：技能跟踪

岗位人员配备时，项目经理常常找不到称职的人选。一般有两个原因。

第一，招聘的主管真正的意思是，按照他的工资标准，找不到合适人选。

一些人发现了供需定理。它是自由、竞争、资本主义市场的定理。像物理定律一样，比如万有引力定律，你无法违反，否则只会引火烧身。为了不违反供需定理，你需要利用环境的特点解决问题。简而言之，其他所有条件相同，如果愿意支付足够高的薪水，根据供需定理，供应就不成问题。任何时候只要把问题简化为价格，问题便不是问题，只是有一定的成本。

第二，找不到“合适人选”，是因为招聘经理没有准确定义何为“合适”。大多数人都是“合适”的人。招聘经理真正的意思可能是他们需要能实际干活的人。要雇人，招聘经理必须首先清楚工作的具体要求。

这里，你必须细化项目安排，以至于能清楚项目需要完成哪些活动。为了完成这些活动，你必须分配人员（比如，人员或团队）。

利用任务分解结构（WBS）/需求跟踪矩阵（RTM），你可以追踪一项活动的要求。这个比较重要，因为大多数活动与环境相关，活动发生的环境决定了活动的部分内涵。确定人员所要具备的技能和经验，需要关注活动本身。活动支持的项目需求（通过RTM找到）构成了工作所需的技能。

假如活动是让服务员将晚餐的杯子倒满。而具体是什么样的晚餐同样是我们关注的要点。如果“项目”是为了满足卡车停车站高峰期人们对饮品的需求，那这与正式私人聚会晚餐的“项目”要求大不相同。一个人在一项活动中游刃有余，在另一项活动中却未必。斟满晚餐的杯子道理如此，项目的活动更是如此。

通常，对于一项活动所处的环境（即需要解决的项目要求），项目要求包含了对资质、行业熟悉度等方面的要求。如果你处于受监管的行业，则必须向监管机构证明：该活动人员的认证或一定培训与项目要求有何关系。根据项目要求安排活动，对于确定任务要求十分重要。

同时，不要做得太过。第6章中，我们讨论了“质量”的问题，要恰当地满足顾客的需求。定义人员的技能条件时，我们需要变换一下说法：如果可以精确描述你所需要的技能，那么这种描述就是有质量的。很多人加进来的要求超过了任务所需，他们认为，这会提高人员的质量。正如第6章提到的，做得太过往往适得其反。如果要求不适用，效果也是一样的。你可以想象一下，不必要的工作要求会给项目经理、整个公司以及最终担任该职位的人带来麻烦。

一项活动的意义不仅在于本身。活动解决的项目要求提供了重要的环境信息。如上所述，项目要求包含了资质、行业熟悉度等方面的要求。项目要求和人员资格的追踪十分重要。要找到合适的人（具有相关经验的优质资源），须准确地说明需要什么。

时间和人员工作量

人员配备时，你须求助治理团队。他们要了解的是，何时需要人员以及需要用多久。这时，假如你已经拿出了完备的项目进度表，详细说明了需要什么以及何时需要，并很好地制定了人员要求。如果能找对人，并按照计划执行，未来你会成功。到目前为止，你的所有工作都是理论上的。以下进入实践。

你需要的人员常常搜寻不到，你不得不重新制订你的项目计划，以适应新的情况。重新安排项目并非难事，使用正确的工具（请参阅第8章），甚至可以对复杂的项目有效地重新进行排序。

现在，假如根本没有你所需要的人员类型。取而代之的是，可以以经济的价格及时获得几个具有不同技能的人。你是否可以重新设计项目进度表，利用不同技能的人完成不同的任务，也可以达到相同的效果？发生这种情况时，项目经理将担任项目经理工程师的角色。

项目规划完成后，项目管理的工作就是要项目经理寻找事实。面对实际情况，项目经理必须找到仍然满足项目要求的解决方案。虽然事实往往不尽如人意，人力资源也是如此。供应商、各个组件、时间、人性、组织动态等，这些都不能尽如人意。但是，我们必须完成项目目标和项目要求。

项目经理不是特定行业的工程师，这也毫无必要。相反，项目经理要与行业内的技术人员共同思考项目规划（一般技术人员来自治理团队，或通过治理团队找到）。然后，项目经理会提出一个新计划，并使用其专业工具来查看这些替代方案如何共同满足项目的要求或目标。

>> 贴　士 <<

如果有人提出修改项目要求，为了项目的可行性（这十分合理），你可以参考第5章变化管理的内容。

另外，人员的工作量也是个问题。坦率地说，你可以给每个人分配多少任务？你需要他们承担多少工作？很多分配工具认为，这取决于一个人有多少时间能用在项目上。

大家常常认为，向工人索要得越多，工人的产出也越多。假如真是这样，大部分管理工作只要寻找激励人的方法就可以了。事实上，这样的方法只是暂时有效，但我们需要保证的是，这种思维方式最终没有给组织造成整体上的损害。

弗雷德里克·泰勒（Fredrick Taylor）早在1919年已经解决了这个问题。他认为，有一种“铲土科学”（泰勒，1919：65—70），可以让铲土工人发挥最好水平。关键一点在于，铲土工人的工作量可以最大化，工作量太少以及太多都不能高产。

很多人已经将此原理应用在不同行业。给人分配过多的工作量，不论在什么行业，最终你得不到更多的回报。

>> 时间跟踪 <<

组织占用员工时间的比例差异很大。

1. 卸载时间跟踪，指的是，除用在行政或组织活动上的时间外，用在项目上的时间。因此，对于任何人，并非所有时间都能用于项目，因为他们的部分时间必须花在行政或组织活动上。

2. 负载时间，指的是用在项目上的时间，包含行政和组织活动时间。我经常遇到，人们评估任务要求时，不考虑组织的实际情况。他们只拿出15%的经费用于杂项开支等。15%既非神奇，又非绝对。在这个事情上，每个组织都有自己的看法。若你的组织采用了这种办法，了解组织的通常做法。

无论采取哪种方式，人们仍然必须完成组织中伴随的所有其他管理和非项目性工作。如果你的项目没有解决这个现实问题，那么你的项目实际上将不会成功。

许多项目计划/项目管理工具（如第8章所述）可以帮助你重新调整任务时长，对任务进行排序以及进行各种巧妙的操作以平衡工作量。这些工具能够向你展示人员的分配方式，标记任务过重的人员。你可以利用这些工具，借助管理团队的帮助，重新分配现有人员（不要给予过重的任务），制订可行的计划。

人力资源管理

当你将人力资源分配给各种活动，计划便形成了，你将需要管理这些人力资源。在第13章中，我们还将讨论项目执行、追踪报告等内容。如何从人员的活动中获取数据，怎样向他们告知总体进展并为他们安排好接下来的工作，受到项目环境、使用工具、工作性质等的影响。我们不再做过多的论述，因为这些和你所处的环境息息相关。另外，需要考虑建立基础设施的重要性，能够具备以下功能：

- 与项目人员沟通；
- 支持项目人员的组织身份；
- 支持人员编排；
- 支持项目重点人员。

很多人重视工具、漂亮的技术、方法等，这些都有益于人力资源管理。除了以上所列，其他也能带来帮助，比如定期会议、人员联系、利用治理团队的支持。

在某种程度上，所有人力资源管理都归结为应用人类工程技能。我们已经在第2章讨论过，现在我们必须应用这些技能。人是活动的要素。要完成一项活动，需要让一个人去做。作为项目经理，你需要管理每个人的工作，完成活动。

另外，不能因为你管理了一个人的活动，你就成了他或她的经理（除非你的组织是这样规定的）。你要做的是协调、组织、通知、分工等。从根本上来说，为了项目起见，你要使项目的人员在正确的时间做正确的事情。

很多著作已经讨论了人的管理和组织。即使这样，对你的组织最好的管理方法可能取决于你所从事的行业、整体文化环境以及许多其他因素。花些时间围绕这一点研究你所在的行业以及一般的文章。记住，从头到尾所有的系统背后都是人。你要专注于帮助他们做到最好。我相信这样做也会给项目带来好处。

>> 要点总结 <<

- 在形成项目人员配备方案前，你需要知道自己所需的人员类型：商品型劳动力、技术型劳动力、知识型劳动力、专家型劳动力。
- 建立治理团队，支持猎头战略。
- 制订人力资源管理计划，特别是当人员执行关键路径的任务时。
- 明确活动中的人与活动的要求之间的关联。活动的要求决定了人必须达到的标准，同时也指出了资格认证、培训等的必要性。
- 要找对人参与项目活动，须准确地给出需求。
- 理解人力资源的组织和任务分配。从长远来看，人员负荷过重导致产出减少，效率更低。
- 管理人力资源，要建立良好的机制，方便与团队联系，并以此机制为基础。
- 要专注于帮助团队的人做到最好。每个人成功了，项目就成功了。

第 10 章

设计与配置管理

配置管理（CM）有些抽象。大多数词典对该词的定义让人摸不着头脑。为了让你了解它的含义，我们先拿一场惨烈的事故举例。根据这个例子，我们将解释项目经理需要考虑的配置管理的概念。

一场惨烈的事故

假如你的项目是为一家高级酒店设计悬挂走道。走道设计独特，中庭空间给人以开放的感觉。该设计利用了配置管理的概念，如图10.1。

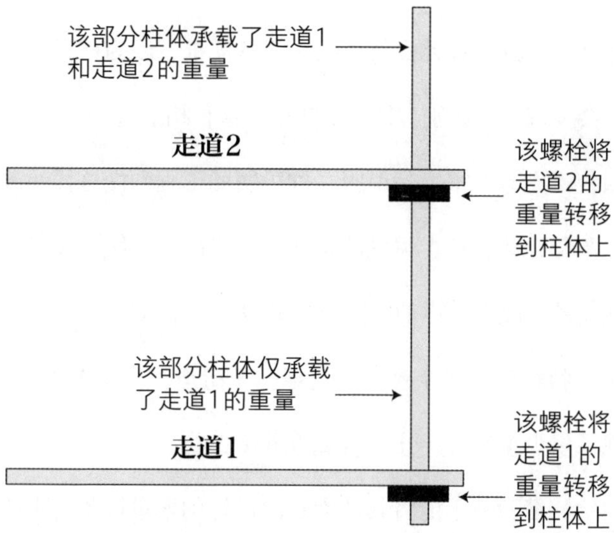

图10.1 悬挂走道的初始配置

多个走道悬挂在同一个柱子上，中庭视野不受多个支撑物的干扰。柱子顶部必须承受下面所有走道的重量。需要特殊的方法才能将柱子固定在房顶，工程师对此有一套方案。

走道与同一柱体分离悬挂，支撑走道的螺栓需要将走道的重量转移到柱体上。这就是该设计的关键特征。

如果你把螺钉或螺栓拧得太紧而滑丝，你肯定知道螺栓或螺钉的承重是有极限的。螺栓和支架设计用来承载各种重物，但一般而言，承重越大，成本也越高。该设计可以采用更便宜的零件和材料，因为每个支架只支撑一个走道，而且昂贵的固定装置只在顶部使用一次，以将杆固定在屋顶上。

对于这个设计，施工公司会认为柱体的生产和安装存在困难。柱体要从房顶延伸到底部，长度较长。要将整个柱体全部脱丝，施工过程可能会损坏丝纹。产品的组装也不容易。

施工公司提出了以下修改方案，简化了问题：使用较短的柱子，将底下的走道悬挂在上面的走道上。这种设计保留了大空间的需求，因为柱子连接在上层走道的架子上，远看不会发现任何区别。图10.2展示了这种构造。

如果配置系统不完善，很容易说服一群聪明的工程师做这样的改变。施工公司就可以神不知鬼不觉地改变这个关键的特征。如果配置系统不完善，就没有跟踪方法能够识别这项关键的改变，详细的审查也就没有了必要。

该设计的关键特征就是每个螺栓仅支撑一个走道。当配置管理审查承载走道2的螺栓实际承载了多少重量时，分析结果如图10.3。

若改变了关键特征，就不能将其视为对旧设计的增量调整。更改配置的关键特征后，实际上形成了新的设计。新设计需要进行新的设计审查，作为项目经理，你

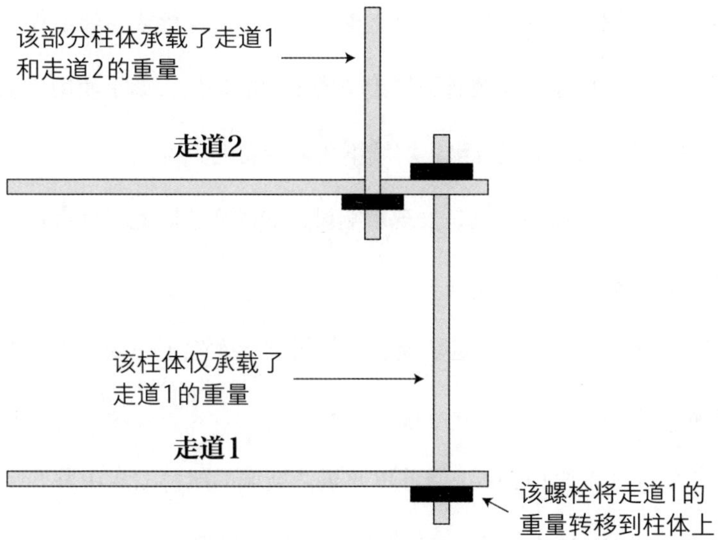

图10.2 已建成的悬挂走道配置

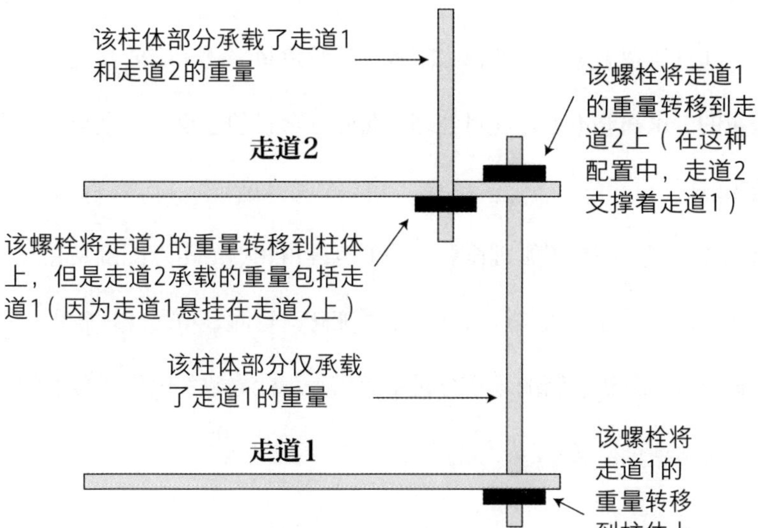

图10.3 显示的构建配置问题

需要做到这一点。图10.3的分析显示，支撑上层走道的螺栓或支架不仅承载了其上层走道的重量，而且现在还承载着下层走道的重量。显然，如果使用之前相同的螺栓和支架，即使粗心的人也能看出，垮塌不久将会发生。

配置管理系统的目标之一就是发现影响设计的改变，因此设计者可以在问题出现之前找到问题根源。

1981年7月17日，密苏里州堪萨斯城的凯悦酒店发生了一场灾难，上面的例子对事故原因做了简化。

1981年7月17日大约19：05，密苏里州堪萨斯城的凯悦酒店中庭两个悬挂走道发生垮塌，事故造成111人死亡，188人受伤。2名受伤群众稍后死亡。就造成的死伤而言，这场事故是美国历史上最惨烈的结构垮塌事故（截至当时，评论员补充）（马歇尔等，1982）。

记住，项目经理不是天生的伟大工程师、程序员、化学家或其他专家，他们甚至连本领域的专家都算不上。项目经理只是管理项目的过程，让参与项目人员的智慧发挥到极致。

如果配备了完善的配置管理系统，我们有理由相信当走道配置发生改变时，变更控制程序可以显示配置的关键特征发生了变化。这时，项目经理就可以要求对新配置方法进行全面分析。新的承重分析结束后，由此导致的问题将被发现。灾难本可以避免，生命本可以挽救。

谁将负责配置管理

从开始的例子可以看出，配置管理是共同的责任。项目经理和项目设计团队必须联合起来使配置管理起作用。项目要求、要求的改变以及其他需要治理团队同意的事宜，显而易见，均为项目经理需要管理的内容。项目要求如何反映在产品部件上显然是设计团队的事情。因此，项目经理要确保设计团队合理地审查设计的变更（尤其当关键特征改变时，或改变对关键特征产生影响时）。

项目经理无论在某个领域有多丰富的经验，都不要认为自己了解配置变化的影响（无论变化多么微小，尤其在涉及关键特征时）。一旦涉及关键特征，一定让设计团队或设计工程师参与其中。

每个行业均有各自的工具、方法、做法，以及解决项目经理和设计团队合作、处理配置管理问题的方法。和项目管理的其他内容一样，解决组织配置管理问题的途径就是你组织的项目管理办公室。如果没有项目管理办公室，请与你的治理团队和设计团队合作，开发最适合你们的方法。如果你正在为贵组织建立配置管理系统，或者试图改进贵组织的配置管理系统，那么你需要做进一步的研究。

正式定义配置管理

为了达到我们的目的，产品（项目的输出）“配置”的定义需包含以下内容：产品的组件如何安排或设置，组件之间如何组合来满足要求，还包括组件组合的过程以及所用的资源。

我们假设产品部件具有一定复杂度，不然就无需项目制造产品部件了。当有人提议修改产品部件的配置时，许多内在的问题就会出现。配置管理最简单的问题是版本控制。那么，像本章开始的例子，我们如何理解变化产生影响的复杂性？这两个问题都可以通过一个方案解决：完善的配置管理系统。

◎ 用于更改事物的配置管理

假设我们已经形成了产品部件的第二个版本（版本2.0），第一个版本（版本1.0）和第二个版本目的都是一致的，但2.0版本更可靠、简单、成本低、运行快。

2.0版本实现关键特征的方式与1.0版本不同。当你使用不同版本的产品部件、订购零件或在不同环境中使用产品部件时，你如何知道产品部件的哪些组件适用于当前的问题？订购哪个零件？哪种环境条件适合这个版本？完善的配置管理系统能够通过产品版本溯源，寻找相关“配置产物”（决定产品部件配置的内容），帮助你回答这些问题。

◎ 变化影响的配置管理

另一方面，当对复杂的产品进行修改时，重要的是要知道该改变将带来哪些关联影响。产品组件若发生变化，如何跟踪变化给产品特征带来的影响？或者，假如项目要求发生改变，如何发现所有需要更改的事项以适应新的要求？完善的配置管理系统能够帮助你了解不同因素之间的相互作用，实现更改，而不会无意间在产品独有的配置网络中造成可怕的后果。

以这些要求为目标，知道我们需要做什么，知道如何管理行动的影响，我们才能开发配置管理系统。

配置管理和项目要求

配置管理所要管理的是项目输出的元素以及这些元素的相互作用和结合方式，

有时也管理最终产品形成中元素组合的过程。定义的最后一部分内容至关重要，因为在某些行业，过程即产品。例如，软件可能对操作系统有某些要求；或在制药领域，以错误的方式将两种化学物质混合在一起将改变得到的最终产品。

现在考虑一下项目要求。通常项目要求包含了针对项目的所有要求。这意味着要求文件包含项目目标、资源约束、完成日期等内容，可能还包含项目产品的特征要求。

讨论配置管理问题时，项目经理常常将要求分为非功能性的和功能性的。功能性的要求规定了产品的特点，非功能性的要求指的是其他要求。通常，项目的意义就是定义或设计一个产品。因此，对于某些项目，功能性的要求可以从非功能性的要求中产生。

图10.4描述了这些概念的联系。

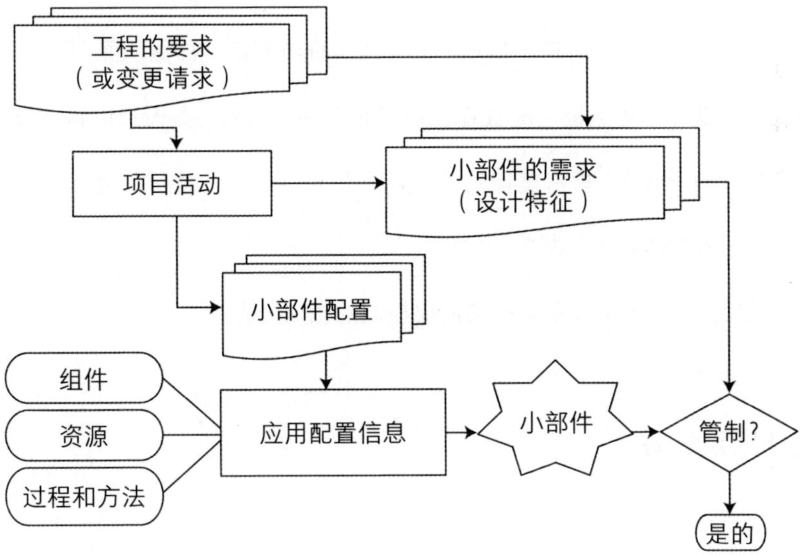

图10.4 从概念上讲，配置是否适合整体设计

如图10.4所示，项目要求（以及要求的变化）决定了项目活动。一些项目活动可能决定其他产品的设计要求或特点。在项目定义和设计产品过程中，将产生文件、数据库、计划等产物，用以描述项目产品的生产。各行各业均有自己的系列标准。这些内容（或称为产物）共同决定了产品的配置。

当我们把产品配置落实到组件、资源、过程、方法等内容上时，产品就形成了。掌握了产品的配置信息，就可以进行产品生产。

当然，我们要将产品与其要求进行比对。假如产品满足要求，项目就成功了。若产品与要求不一致，我们要继续进行项目活动，修改产品配置，直到生产出合格的产品。

这意味着，即使没有更改的需求，设计也会发生变化，也就有必要对配置信息的版本控制进行追踪。追踪是至关重要的，因为你需要知道哪个版本的配置在满足要求方面存在哪些问题。若团队提出了新的配置方案，要比较新方案的原因与问题解决方式之间的关联。这有助于以后的开发人员理解事情这样做的原因。

实践中，设计的特点也是配置管理系统的内容。因为一些设计的特点来自项目要求（或要求的变化），项目整体要求（以及影响产品关键特征的变化）中的功能性要求也在配置管理系统控制范围之内。

图10.5展示了配置管理系统可能需要控制的相关概念。

设计跟踪矩阵

设计跟踪矩阵，可以清晰地展示特征、组件与对应要求之间的联系。让我们回忆一下，需求跟踪矩阵（见第6章）显示，活动和验证控制支撑了所有项目要求。

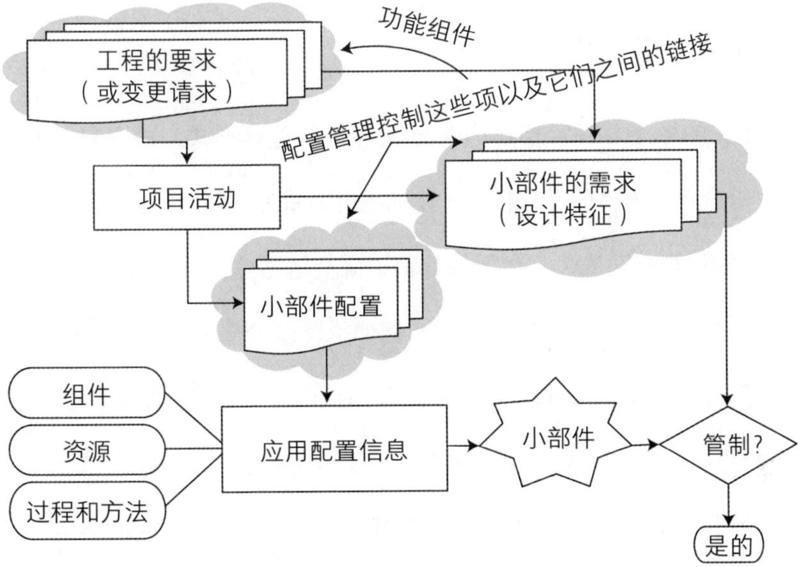

图10.5 配置管理控制什么

同理，在项目要求下，我们讨论人员配备，依然利用需求跟踪矩阵，保证了活动中的人能够胜任手中的工作。目前，基于配置管理的现有知识，产品本身就需要相似的项目需求追踪。

这里我们重点介绍产品要求和关键特征。设计跟踪矩阵（或称为产品追踪矩阵）将配置部件和产品特征联系在一起，将项目特点与项目需求和关键特征联系在一起。

设计跟踪矩阵的目的是展示产品设计与设计实现产品需求方式之间的联系。如果你能做到这一点，那么理论上，当你对小部件的设计进行更改时，设计可追溯性矩阵将指导你更改如何影响小部件的关键特性。反之亦然；如果你更改了小部件的关键特性，产品的跟踪矩阵将引导你找到设计中受影响的部分。追溯矩阵可以帮助你在定义你的产品配置网中建立所需的连接。因此，你可以管理由该网络中任何部分的更改引起的问题。

◎ 设计的关键特点是什么

对于生产的各个零件，经典的关键设计特征包含形式、适应和功能的要求。“形式”要求规定了零件的外部特点，比如维度、重量、外表等。“适应”要求指的是零件之间如何相互适应，一个零件如何适应其他零件，包括容忍度和其他特点。“功能”要求指的是零件如何发挥作用，例如承受多少重量，承受何种压力，处于什么环境等。从经典的工业角度看，设想我们仅讨论螺母、螺栓、齿轮、链轮和其他零件，我们可以肯定地认为，F3（形式、适应和功能）完全表示了该零件。

F3理论可以让人对零件进行工程加工或生产，需要较少文件材料或不需审查。因为F3理论认为只要改变不影响F3的特点，那么零件的关键特征就没有改变。这是

>> 自己动手的人已经掌握了F3理论，但是他们并不知道这一点 <<

如果你自己修理自己的汽车，你知道有很多第三方供应商可以更换汽车零件。通常第三方的零件价格要比汽车制造商的价格更低。但是，这个第三方零件可靠吗？

即使你从未听说过F3理论，我相信你会考虑第三方供应商零件的形式、适应和功能问题，也会考虑原始制造商零件的规格，对比两种零件的价格差异。根据F3理论，如果第三方供应商的零件符合原始制造商的规格，则第三方供应商的零件应该可以正常运作。

每一个自己动手的人都得自己做决定。但重要的是，你可能正在运用F3理论却没有意识到。

一种功能上不会产生外部差异的变化。

F3理论能够有效解决很多经典工业问题。你的项目要设计后工业化的产品，或知识型产品，或知识型的小部件（甚至可以嵌入人工智能）。因此，我们将潜在关键特征的含义扩展如下。

- 产品制造的方式（或过程），还须考虑产品实现其功能所经历的过程（或使用的函数）；
- 产品使用的基础资源或用于产品生产的原材料。

如前所述，制药行业中，药品制造的方式可以成为产品的关键特征之一。类似地，通用原料可能不会产生与指定原料相同的结果，即使该通用版本与指定版本相同。

- 很多面包师了解指定原材料的重要性。例如，当制作焦糖布丁时，一些厨师认为，蔗糖可以更好地上色，而甜菜糖则存在更多的问题，尽管两种糖在技术上都满足相同的化学要求。事实证明，甜菜糖可能含有某些微量化合物，在这种情况下起了关键作用，让焦糖带有淡淡的苦味。
- 操作系统升级中一个经典问题是，某些人们青睐的旧软件在新系统中无法运行，因为你所喜欢的软件含有一些基本组件，在新操作系统中缺失。
- 年度家庭度假地点的选择可能是假期重要的特征之一。该轮到我和父母一起度假，但是如果我事先没有与妻子商量，也没有听取她的意见，她可能会在整个旅途中闷闷不乐。姻亲影响力很大，我们改变不了。要解决这个问题，实际需要双方事先商量。但是，我们如何达成协议是一个重要的过程，也是我们度过假期的关键。

因此，我认为项目的关键特征是：

- 形式
- 适应
- 功能
- 方式（过程）
- 基础（产品发挥正常功能的基础）

也许你的行业不需要F5的所有内容。对于齿轮和链轮，F3可能已足够。你需要确定适用于你的行业和产品的关键功能。然后使用这些术语定义产品的功能规格。在项目设计产品过程中，需要用跟踪矩阵展示所有内容的联系，以及项目中的设计如何实现这些内容。

诚然，大部分工作是由设计师和工程师承担。对于项目经理来说，跟踪关键特征很重要，或者至少要确保设计师和工程师跟踪了关键特征。如果任何关键功能发生了变化，或者发生了可以影响关键特征的变化，则该变化可能导致了新的设计或生产出了新的产品（即，非增量更改）。在这种情况下，项目经理需要确定设计团队在批准变更请求之前进行了适当的设计审查。

◎ 现有系统、隐含要求和基准设计

很多项目工作是对已经存在的产品进行更改。现有产品V01，你的项目是创建产品V02。新版本将具有一些全新和改进的特征、特点、功能，或者优化了产品的生产方式。

这种项目的典型问题是产品V01可能已经具有了一些不明显的关键特征。也就是说，当前设计特征的文本（假如有）可能不足以描述产品V01的使用特点。产品V01现在的使用方式可能在完成初始设计特征时未在考虑之列。

我们通常遇到过当喜爱的软件升级后，才发现新版本去掉了旧版本中你最喜欢的特征。那真的是旧版本的“特征”，还是你使用的一种方式？有可能“重新设计的人”都没有意识到这是一个特征，或者他们不认同人们正在使用这个特征。

考虑以下几个我们依赖但十分隐蔽或不经意特征的例子。

● 标准汽车变速器。隐蔽或不经意的特征是：电池没电时，依然可以启动汽车。但是自动变速箱升级后，就无法在电池没电时启动汽车。

● 旧广播电台和旧双向收音机。这两种设备通过频段传递信息，通常自带电源。隐蔽或不经意的特征是：灾难发生时，这两种设备依然可以工作，因为它们不依赖其他基础设施，与流媒体互联网广播或手机的工作方式截然相反。灾难期间，其他基础设施可能荡然无存，网络可能过载，互联网广播或手机可能无法工作。因此，家庭应急工具包应该配备能用的老式无线电广播接收器，以及一些家用对讲机。对于政府机构或应急部门，经历了深刻的教训后，他们研发了解决方案，弥补了这些功能。现在，有些人使用的设备可以选择联网服务或“通话/单工/对讲机”模式，为了在紧急情况下，这种通信设备可以以旧广播设备的工作方式工作。此外，在危机发生时，某些网络保障“官方”手机通话的优先级，以便“官方”电话畅通无阻，而让其他人排队等待，不会造成网络过载。

（练习：请列举其他过时的技术，其拥有或使用的特征在新版本中是没有的。）

如果你要对产品V01进行修改，通常建议你的设计团队首先创建一个“已构建”的设计跟踪矩阵。在这里，他们需要知道当前的特征、已构建的特征以及设计的特征。换言之，假如有人要对现在的产品V01进行重新设计，那么该产品的要求是什么？

一旦你的团队了解了当前原始版本的设计特征，他们便需要了解原始产品的配置，具体来说是当前（“已构建”）的配置如何实现产品的要求或特征。你需要比较新配置与“已构建”基准的差异。

假设你已有基准配置和设计特征怎么办？最好停下来查看文件记录的特征，确定是否存在任何意料之外的用户特征成了产品规格的组成部分，让人不易察觉。若是如此，请与你的治理团队一起审查所有内容，确定这些特征是否应成为基准的一部分。

定义基准配置是配置管理中最重要的一项事情。从理论上讲，基准代表的是产品的工作版本。你必须始终对照基准，或者能够重新生产基准产品。通过与基准（或上一个工作版本）进行比较，你应该能够确定新版本中哪些地方存在问题。如果与非基准版本进行比较，则可能会冒出隐藏的缺陷，或产生“缺陷蠕变”的风险。

获取配置和使用它的支持系统

在讨论配置管理系统时，你会注意到“产物”一词，用以描述产品配置。为了讨论配置管理系统，我们正式将“产物”定义为客观地展示、定义或确定配置的材料。为了满足变更管理系统的不同要求，配置管理系统是产物如何被获取、访问、控制或使用的方式。

很容易找到配置管理系统所包含的产物清单。从广义上讲，我们当然可以讨论如何获取产物。产物代表如下：

- 产品的要求
- 关键特征（如上所述）
- 设计文件（或其他定义产品配置的文本，如前所述以及图10.5所示）

- 跟踪矩阵——展示关键特征如何与以下内容联系在一起：
    - ◇ 多重要求
    - ◇ 设计中能够支持以上要求或关键特征的方面

在这些方面，人们容易取得一致意见。因此，我们继续讨论简单的内容。

对产物进行变更时，你的配置管理系统要及时发现，这个过程我们称之为版本控制。

版本控制过程中，我们要问自己：仅仅发现新的版本是否足够了？是否有必要对旧版本与新版本之间发生的变化进行有意义的解释？答案取决于版本控制中使用的软件、所在的行业以及其他因素。如果你认为有必要对新版本提供解释文本，问自己：谁会用到这些文本？怎么用这些文本？修改相关的解释或注解将满足这种需求。实践中，若解释内容宽泛，注解将失去意义。项目经理若发现存在很多形式注解，要么是因为项目人员没有履行工作职责（重要并有意义的信息被遗漏），要么是注解毫无意义。（出于项目安全考虑，你要找出原因。）

仅对产物进行获取、储存、注解还不够。必要时，我们还必须能获得产物的相应版本。这间接地表明，不仅需要版本控制，还要能够编制索引，检索、获取内容。仅拥有“只写”数据库是不够的。你还必须在数据库中找到所需内容，获取并使用这些内容。这是配置管理系统中重要的内容。

能获取到信息，但不能使用这些信息——事实就是如此。例如，在结构设计中，以前人们曾经用纸质建筑图纸来代表建筑文件的基线标准。当设计需要作出变更时，要对文件进行查看、修改，接着进行审查。有一种处理这种文件的方法。

在撰写本文时，以上提到的设计信息现在以电脑软件能够处理的数据文件形式进行存储，能够生成描述结构设计的建筑文件。现代数据文件不仅是“数字文件”。

在建筑领域，比如，代表“门”的框线不再仅仅是框线而已。建筑信息建模和管理软件（BIMM）现在给这些框线添加了属性，这些属性告诉我们关于门的信息。例如，这些属性能够告诉我们“门”的物理功能、特点（比如门的防火等级）和其他信息。同时，现代软件加快了设计的分析。因此，这些数字文件本身就是产物。一旦你开始获取数字文件，处理数字文件的软件版本也能够成为产物。

这里的重点是，随着讨论的深入，你所在的行业、所处发展环境的细节都将变成重要的因素，决定你获得何种产物，如何获得并存储它们，如何生成目录，如何进行版本控制，等等。

假如你的组织有项目管理办公室，有可能对配置管理、获取产物的软件有了规定。软件还可能包括用于输入和管理特征跟踪矩阵的数据库。一些组织，尤其是处理大型项目的组织，甚至有人员专门负责处理项目的配置和软件管理。要确保将此内容纳入到你的项目规划中去。

假如你的组织没有项目管理办公室，但仍然可能有某种类型的配置管理系统，至少有存档和管理档案的配置管理系统。在允许范围内，尽量使用这些资源。

据我所见，如果项目规模小，界限明显，变数较小，且团队积极运用我们这里列出的原则，他们的组织依靠人力出色地完成了工作。即使大型组织也会依靠团队解决问题的勤奋度来定义他们的配置管理。了解你的组织如何管理配置，学会利用已有的配置管理。

假如你的组织认为配置管理概念新颖，或是他们迫切需要提高的，你需要继续阅读后面的章节。配置管理的原则和目标是浅显易懂的。但是，要使其适应你的项目环境仍待研究，需要对现有工具进行定制（或需要重新制造工具），还需要组织的支持（配置系统需要人员的配合）。

>> 要点总结 <<

- 产品配置（或称为部件配置）描述的不仅是产品的零件之间如何组织、设置、交互来满足要求，还包括了各零件之间如何组合以及其间所用的资源。
- 产品关键特征的经典定义包含其：

◇ 形式

◇ 组合

◇ 功能

◇ 方式（产品形成的过程，或产品发挥其特点的过程）

◇ 基础（产品发挥正常功能的基础）

规范的汇编成为产品的设计特征或功能要求。

- 通常，配置管理系统中的概念包括：

◇ 设计要求、功能要求、设计特点和设计规范。

◇ 项目要求（在适当范围内，非功能性要求可以不作为产品配置管理系统的内容，除非决定了关键特征的定义）。

◇ 在产品生产过程中发挥作用的任何事物，我们都将视为定义产品配置的内容。通常，这将包括设计文件、施工文件等内容。

◇ 产品的设计跟踪矩阵，联结了产品的关键特征和功能要求或关键特征所满足的设计特点，还将关键特征与对应产品配置信息的元件联系起来。这样，关键特征的设计变更就可以直接定位。

- 我们把“产物”定义为客观地展示、定义或确定配置的材料。
- 不要省略基线配置。理论上讲，基线代表的是满足产品系列要求的工作版本（或上一个工作版本）。要总是参考基线，与基线进行比对，避免隐蔽问题的出现。
- 产物的版本控制构成了配置管理的基础。
- 对产品的配置进行变更时，利用配置管理系统中的信息帮助你了解变更所带来的影响。
- 假如变更或变更的征兆改变了产品的关键特征，实际上你有了新的设计。为了避免后续问题，项目经理需要确保进行合理的设计审查。
- 在配置系统中，项目管理的技能得到很好的发挥，项目设计师的技能也物尽其用。作为一个很好的界面工具，配置管理系统可以让每个人发挥各自的能力。

第 11 章

成本规划和成本管理

我们的金钱观以及对金钱有关活动的观念，决定了我们如何规划支出、如何管理相关活动的成本。日常生活中，假如消费支出不多，你可能用不着考虑成本；但是如果支出较大，且手头紧张，你可能会详细地进行规划。对于项目成本管理，道理同样适用。

人们对项目活动和相关费用支出的态度，我认为构成了成本规划和管理好坏的

>> 成本管理是艺术而不是科学 <<

项目管理文献中，有很多文献讲成本管理，往往对成本类别、技巧和窍门、仪表板技术进行详细描述。他们通常研究分析工具。对于某些场景，他们的做法有一定的意义。然而，场景一变，他们的工具就变得无关紧要、十分不足了。语言、沟通、礼节、组织效能均与场景紧密相关，是艺术，而不是科学。成本规划和管理尽管看着像简单的数学问题，但实际是一门艺术，因为成本规划和管理涉及沟通的艺术、管人的艺术和工作的艺术。

对于本话题中的内容，每个组织都有自己实施的办法。但是为了保证效度和效率，进行沟通时要利用该场景中的工具和礼节。理解了这些原则，你就能在组织的各种活动和做事方式中利用好它们。

关键因素。当然，态度好，但不使用好的数据和系统，结果也会不好。项目经理采用了正确的态度、方法和理念，将有以下好处：

1. 最大化利用手头上的工具；

2. 需要的数据可能过期或不匹配需求时，能够敏锐发现问题；

3. 即使存在差距，也能够创建自己的工具和系统；

4. 挖掘数据，找出提升信息质量的方法。

相反，假如采用了错误的态度、方法和理念，再好的系统也无济于事。好的项目经理并不能造就好的系统，但是，好的项目经理可以利用好现有的工具和系统。需要时，项目经理能够利用这些资源缩小关键的差距。

成果和资金管理的倾向

图11.1展示了人们进行成果和资金管理的倾向。

资金用途 \ 资金种类	个人资金	他人的资金
个人用途	**倾向** 密切关注支出 最大化交付价值 （进取心最大化） 1	2 **倾向** 支出关心不够 仍然确保完成目标
其他用途	3 **倾向** 密切关注支出 交付价值打折扣	4 **倾向** 不关心支出（超额支出，或使用昂贵的附件） 交付成果往往不关注目标，常常质量低下，出现延误

图11.1　成果和资金管理的倾向

图中矩阵展示了两个变量的关系：资金的类型（自己的资金、他人的资金OPM），资金用途（个人用途、其他用途）。

下面通过几个贴切的例子，让我们看看四种态度和行为。

◎ 使用我的资金与关注自身利益

例如你想带着家人去度假。这次旅行十分重要，将成为全家一生的美好记忆。虽然旅行支出将给家庭带来经济负担，但这次旅行意义重大，家人都深知这一点。如何使用这笔支出，比较可行的办法是罗列出每一项事务。

没有别人的指导，你将自己搜寻目的地，并考虑家人喜欢做的事情。你会最大化这次旅行的价值。选择理想的目的地也好，获得最佳的旅行体验也罢，你必须要安排好细节，以及细节的细节。例如：

- 酒店事宜：你应该清楚，住宿酒店的广告价格不是你需要考虑的预算内容。你要考虑的内容包括当地税费、服务费、设施使用费、机场往返用车费以及兴趣点等。

- 旅行事宜：是选择驾车还是乘坐飞机？若选择驾车，不必担心机场停车、行李和租车的问题，但是将会浪费很多时间在路上，除非这是旅行计划的一部分。若选择乘坐飞机，至少在美国，广告价格不包含其他费用。每家航空公司都有不同的行李托运规定。确保家人都清楚行李的重量限制，确保每个人的行李均不超过重量限制，确保他们还能购买一些纪念品，允许误差的出现。为了对比选择航班和驾车两种方案，你需要列出每种方案“隐形的”因素、费用以及其他因素。

- 甚至旅游度假胜地或所谓“一价全包”邮轮，也可能有“隐形的”费用。即使是“一价全包”的旅游，你也需要准备一些“额外”花费。

想想在你的生活中，你为一些大型活动做支出预算，比如一场旅行、一次婚礼、一个生日聚会或一次学习进修。预算费用与最终支出产生了什么差距？这种经历如何影响了你以后的行为？

稍微有点经验，你就知道广告显示的价格并非产品最终、一价全包的费用。因为是自己的钱，所以你注意着每一笔支出。很有可能，你会形成对每笔支出的认识。

然而，并非所有的费用均能提前做计划。有一些费用必须进行预估。比如餐费，你需要根据经验或指导书籍进行较准确的预估，因此你需要增加误差，允许实际支出与预估有所差异。

假期里若发现伙食费超支，你就要对其他支出作出调整，或想办法控制超支部分。我们有几天享受滑雪，和家人去外面吃几顿大餐，但这样的结果是，我们变得有点奢侈。所幸今晚有暴风雪，我们不得不窝在室内，点份比萨外卖，看一场傻里傻气的电影，全家人围在火炉边度过一个夜晚。也许还会在午夜的时候在小屋前堆一堆雪人。突然，我们的开支又重回正轨，而我们的假期经历依然终生难忘，如我们所愿。

讲这些的意义是：我们的日常生活就是如此，项目也不例外。正如乘坐飞机时需要列出详细的额外花费（行李费、停车费、出租车费或租车费等），当我们从供应商处直接购买产品时，或将项目的一部分外包给其他人时，我们必须考虑到隐形的费用。与生活中其他事情一样，你必须密切关注费用的变化，并为之设置上限。若发现超支形成，必须采取其他办法控制超支费用。

公司老板或老板代表对项目管理的期望可能是“我的钱我关心”。钱是他们的，所以他们十分关心公司所有业务的成败，包括你的项目。他们要求精确的支出计划，即使不能做到，也要给出合理的预测。他们要求对成本进行密切的监督。假如支出超出了预算，和你的个人生活一样，他们希望作出调整，好让整个项目开支不超预算。

我们要在项目管理中引入这种理念是希望项目中的每个人都把项目的钱当成自己的钱，希望每个人都有内在驱动力保障项目的成功。

◎ 关注自身利益与使用别人的资金

现在，我们不考虑全家人如何度过一个理想的假期，让我们来看看其他例子：你有一个上大学的孩子要去度春假，或与朋友去参加其他探险之旅。他们关心的是去哪里、做什么之类的事情，都是快乐假期要考虑的内容。他们当然在乎结果，所以会努力确保度过一个愉快的假期。但是，假如他们用的是你的银行卡，让你为这次旅行买单。那么，他们用的钱不是自己的，而是你的。这就是我们要考虑的第二个维度。

你问孩子要了份支出计划。计划如何呢？是否详细列出了各项预算？是否只是将一堆瞎猜的数字放在一起，看起来像个支出计划？是否只用了别人随便的建议？他们的计划是否只是臆想出来的？这些情况在我们生活中很常见。当别人拿来项目，你问他们要经费支出计划时，这些情况也会发生。

一旦旅行开始，据我所知，糟心的事将接踵而至——你或许听说过类似的情况，或许亲身经历过。机票价格不包含行李托运费。作为孩子又怎能知道，行李仅仅超了2公斤，就被柜台工作人员不合理地收取了很多费用？对于酒店的额外费用和税费，孩子还会问你，“爸爸妈妈，我跟你们说了酒店收取的房价，但是每个人还必须另付15%的当地度假村费，我也要放到预算中吗？”有的孩子考虑不到机场往返的交通费用。外地的旅客要给出租车支付高额费用，也成了连连噩梦之一。即使孩子报的是“费用全包”的旅游，也有突发情况：一个朋友向我愤怒地讲述他们的孩子离队丢了护照，产生了很多旅游团无法包含的费用。我的朋友经常会在末尾说一句：要是花他们自己的钱……对，这正是我所强调的。

假如孩子的花费超支一点，作为父母，你要怎么做？每一点超支累加起来，会越积越多，最终严重超支。个人生活都是如此，更不用说项目。每次多加一点超支，你觉得无关紧要，但是这些超支加起来将会拖垮你的项目、破坏你的名声。

用别人的资金，人们往往不重视支出细节（尤其是额外的支出）。当然，也有讲良心的人，如果你团队中有这样的人，一定要珍惜他们。但一般情况下，费用超支更常见于用别人资金的情况。造成超支总有各种各样正当的理由，但是当别人给你解释的时候，一切都为时已晚。

这里的要点是，要让人们的视角从第二维度的思维转变成第一维度的思维。各人有各自的绝招，但你要找到属于自己的方法。如果项目低于预算完成，我会给人一些奖励。比如，将省下来的50%发给他们，虽然有时金额较大，但毕竟我也省了很多成本，为何不这样做呢？如果项目超支，要进行惩罚。达到了预算，减少顾问的小时工资，等等。这样做的目的是让人们的态度和行为转变成第一维度的态度和行为。做到这一点，成本管理就会变得更好。

◎ 使用我的资金与关注别人利益

试想一下，当家人让你规划一下假期的过法，家人里还有你不喜欢的亲戚或朋友（我们可能会有这样的亲戚朋友）时，你要怎么做？你当然要对得起这份差事，因为你也想过好这个假期。进行预算时，我们假设大部分钱都是你的。把那些亲戚朋友加进来，实属照顾亲情关系，或因为其他原因。遇到不喜欢的亲戚朋友，该如何规划这个假期呢?

有些人做一件事，假如他并不感兴趣，可能会照顾不到一些重要的细节。当然，他们会关心钱是怎么花的（或时间是怎么分配的），因为使用了他们的钱（或占用了他们的时间）。然而，最终结果可能会缺少一些我们期望的亮点。你怎么知道你姐夫或妹夫最大的兴趣是看世界上最大的线球？将这种事情安排在旅游计划中，显得十分愚蠢。而假如这时旅行进度落后了，正好他们都在房车后面睡觉，你决定走个捷径，绕过线球景点。但你姐夫或妹夫认为，那才是这趟旅游的亮点！他们甚至都可以硬着头皮听你讲无聊的话题，仅仅为了看看世界上最大的线球。

人们一般不会故意忽略别人的需求。在生活中，事先针对重要的事宜进行沟通将会十分重要。同样的道理，你也要跟你的客户和团队进行充分沟通，要搞清楚以下方面。

- 哪些特征或部件十分重要，且是他们期望的。忽视这些要求，产品注定失败。
- 他们青睐哪些事宜、特征或部件。忽视这些要求，产品不一定失败，但也不会成功。
- 哪些内容是他们希望拥有的，或有了更好。但是如果造成项目严重延期或增加很大成本，不如去掉这些内容。
- “多余”或“奖励”元素：我们想要拥有，但却没有必要。如果时间充裕，不增加成本（或增加一点成本），你还想给产品增加亮点，那么就将这些元素考虑进来。

事先对项目要求进行充分沟通，让整个团队理解这些要求，这样才能转变第三维度的态度，让每个人能够更清楚项目的要求。做到这一点，事情将变得更加顺利。然而，仅仅解释需求可能还不够。让人们的态度从第三维度转变成第一维度，每人都有自己的方法。你所要做的是找出适合自己项目的方法。

◎ 使用别人的资金与关注别人利益

上门维修承包商和汽车维修技师常常被人诟病。现实中有很多好的承包商和技师，但社会上常听说那些糟糕承包商和技师的事情，未免有失公平。一般情况下，这个行业的从业人员就是领着别人的钱，做着别人的项目。对于这些人，他们第四维度的行为最为明显。

有人关心洗澡间的装修，有人在乎车辆的修理。从承包商或修理技师的角度看，他们用的资金不是自己的。房子开始装修，若发生意外情况，导致超支，房子的主人必须承担相关费用，承包商也会拿到部分费用。所以，超支对承包商也是有利的。假设承包商无意造成这样的结果，而是因为忽略细节所致，或者因为各种细节的忽略积少成多，最终导致项目成本超出预算。承包商的所有工艺都是一流的吗？还是他们只把好的工艺发挥在你能看到的地方？当你的汽车在修理台上被大卸八块，这时修理技师说：“啊！幸好我发现了！某某零件就要坏了，要不然就坏在半路了。”你将怎么办？技师不用花钱，所以他们会怂恿你扩大维修范围，让你掏钱。

若这样的事在你的生活中时有发生，也会发生在你的项目中。假如你将项目的部分工作委托给其他部门、供应商或团体，会有哪些变数？若被委托方用你的经费而对结果不负责任，问题将难以避免。你要做的是，将他们的利益与项目结果绑定在一起，与相关花费绑定在一起。有很多技巧可以将第二维度和第三维度的思想转变为第一维度的思想，利用这些技巧的组合是有帮助的。项目质量低，工期延误，成本超支，都是第四维度常常遭遇的问题。

◎ 成本规划和成本管理的态度：总结

假如项目完全是你的，也是由你制订所有支出计划，每一笔支出都经过你，结果自然是好的。然而，还有一种少见的情况。你问别人要他们所负责项目部分的支出计划，然后将每个部分整合在一起形成项目总体预算。当项目开始执行，其他人的项目造成了超支以及超支责任，他们的行为结果最终汇聚到你的项目预算中来。这时，他们的问题变成了你的问题。

正在做的事与将要花的钱之间的联系，决定了支出计划的准确和详细程度，也决定了成本管理的水平。理想的结果（在现有工具条件下）是让每个人都认为花的是自己的钱，思考的是自己的事。同时，他们会在现有工具条件下，努力监督并检查各项支出。假如他们认为在花别人的钱，或做的不是自己的事，结果可想而知。

如何让人以第一维度的想法参与项目，方法有很多，但是没有一种是万能的，能适用于所有情况。你需要找到最适合本项目人员和供应商的方法。为了制订最佳的成本计划，成功管理项目成本，要确保团队的动力和投入与项目保持第一维度的关系。

当前数据、历史数据以及估算价格、合同价格

制订项目成本计划时，需要很多不同人员提供支出信息，要提出的问题如下：

- 是否使用了当前数据?

- 是否考虑了历史数据？
- 对方提供的价格是估算价格还是合同价格？

◎ 当前数据

制订成本计划时要确保数据是当前的，或与支出发生的时间匹配。在成本计划中，我遇到的典型问题是使用旧数据。我相信没人故意这么做，但是问题还是悄悄出现了。最后看到成本超支，每个人都会大吃一惊。总之，要确保你使用的数据是当前的。

>> 制订成本计划时使用过时信息，我们并不陌生 <<

我曾经是一个大学生，那时我勉强做到收支平衡。奖学金用于支付学费和生活费之后，所剩无几。有时，我的奶奶会寄给我几美元让我和女朋友一起看电影，但是我不敢告诉她，她给我的钱还不够买爆米花，更别提看电影了。我的奶奶就是基于过时的信息作出的判断。纠正她也没有必要，这样做反而会让她难过，因为这是她唯一能做的。相反，我给她寄了一张感谢卡片，上面跟她解释了情况。

出于好意而利用了过时的信息，对于家庭（出于善意）或无关紧要的事情而言是可以接受的。但是，商务场合必须要使用当前数据。

前文讲到，数据要与支出发生的时间匹配，这是什么意思？人们常说，死亡和纳税是生命中唯一不变的真理。然而在我们生活中，通货膨胀似乎是第三种不变的真理。假如前一年物价上涨，第二年又怎能不同呢？若项目跨度超过一年，当前的数据已不再适用。项目造成超支时，你必须计算此时的成本。根据现实情况，将可能发生的价格上涨纳入成本计划考虑范围之内是可行的。要确保做到这一点。

◎ 历史数据

历史数据对价格信息管理十分重要。我们将在第12章如何管理供应链部分详细讨论。假如原来供应商的初始报价是10元/单位，但是交付时总价变成了12元/单位，因此在未来制订支出计划时，供应商的报价需要额外增加20%。

◎ 估算价格或合同价格

这就把我们引向一个经典的问题：估算与报价（我称之为“估算价格与合同价格”）。问题的关键在于在某些领域中，“报价”这个说法已经失去其严格的意义（其他领域“报价”依然是报价）。换言之，报价或合同价格就应该是固定的，不能改变。不管怎么命名，若事情是有待确定，容易变化，等等，那么这件事只是一个大概。对于我们讨论的内容，这就不是报价或合同价格。

合同价格可能存在变化的条件。了解这些条件，确保条件的触发原因受变更控制程序的监督。当供应商调整商品或服务价格时，确保治理团队审批通过，同时要相应地调整经费预算（见第5章）。

假如别人给你提供的是估算价格，这种价格本质上就是不准确的。怎么用它，还须谨慎。统计学中有样本的均值方差：样本的均值本质上提供的信息有限，不能全面了解样本。方差或均值的变化范围就是用来显示均值的显著水平。估算价格也同此理。估算价格本质上没有任何意义，估算价格的变化范围（最大值与最小值）

才是我们需要关注的。

估算价格存在变化的提醒信息包括：

- 估算价格没有考虑到最终交付产品成本降低的可能性；
- 没有标注价格浮动上限或考虑最坏的情况；
- 估算价格存在误差，却没有提供解释；
- 没有进行重新评估的标准（例如，当这种问题出现，我们需要重新对事情进行评估）。

其原则是制订成本计划需要很多人的贡献。确保你自己清楚他们贡献内容的质量。要基于历史经验、未来潜在的影响因素以及其他可能影响你判断的因素，保留调整计划的可能性。在制订计划时，要能够预测现实中最不可能发生的最坏情况（或最现实的情况）。预算不准的成本计划，资金没有用完如同被超支的基线预算一样，同样是糟糕的计划。

项目计划费用、要素费用以及组织费用

很多不错的文献都已经讨论了成本计划。在制订成本计划时，我们可以根据这些文献，尝试罗列所有的费用类别。其中包括：组织管理费、律师费、人员费、劳务费、设施费、直接材料费、工具费、制造费、成品费、拖运费、运输费、安装费、培训费等。当你咨询项目管理办公室、管理或治理团队时，他们可能指出：我们不这样分类，或不单独区分这些费用，而是把所有费用算在一起……有时，他们也可能因为缺少了现实中某个重要的费用类别而批评你的成本计划。

每个组织都有适合自己使用的会计工具和方法。项目管理办公室、管理团队以

及治理团队都有惯例和经验，希望你遵守。你要与项目管理办公室加强联系，让管理和治理团队参与进来。了解他们对你的要求，包括：

- 考虑哪些成本，如何分类，成本的详细程度；
- 如何表示并考虑估算费用、合同费用以及费用的变化；
- 编制、展示成本计划使用的工具。

满足了以上要求，项目计划就无所不包了。在设计细节时，你知道成本计划需要哪些信息，然后把这些信息用组织要求的形式表达出来。

◎ 成本计划工具

很多项目计划工具可以帮助你为项目活动安排人员，能够记录劳务费用。你也可以借助计划工具为任务或摘要任务分配成本。借助网络工具或云工具，可以让你的团队成员替你填入这些数据。确定了项目计划中每个条目的详细费用，使用工具进行管理，就会产生计划的费用。要学会使用计划工具，并充分利用。

假如组织要求的工具无法使用，或工具不省事，你需要找其他方法对项目计划进行管理。也许你可以创建一个表单，实现相同的功能。你的工具要能够导出活动清单，能够对表单中的每项活动进行细化。如此，就会产生项目成本。

◎ 材料清单（BOM）

有了项目成本，也可能产生要素成本。在进行某项设计时，一开始你的团队可能考虑不到所有的要素。由于缺乏具体的信息，你会让团队估算费用。设计团队根据指导，合理计算，拿出相对准确的估算费用。然而，估算就是估算，不能当作实际费用。让他们提供估值的变化范围（最高值与最低值）。密切监督要素的成本变化，适当作出调整。

在某些行业，设计团队进行产品设计时，现代设计工具会产生材料清单（BOM）。根据设计工具的配置方式，BOM能自动从相关数据库中提取价格、供应商、交货时间及其他信息。如果做不到这一点，你需要与组织中的相关负责人一同设计这些细节。

◎ 组织费用

除了项目计划费用和要素费用，还有组织费用（常称之为日常费用）。每个组织都有自己的习惯或惯例，由此产生的费用叫作组织费用。组织费用有时分摊到团队的工资中（已经支付），有时单独列出，或两种情况都有。项目是否给公司律师付费？当进行产品生产时，组织如何认定设施使用费、办公场地使用费、桌椅及其他项目使用费？组织费用类型还有很多，组织会产生一些每个项目必须要缴纳的传统费用，也有各自的记账惯例。你的项目不能忽视这些费用。

项目费用、要素费用以及组织费用一般可以囊括所有费用。但你还要经常跟项目管理办公室和治理团队确认，是否忽视了其他费用。

成本管理还是“看后视镜驾车”

有人将成本管理比作看后视镜驾车。过去，很多企业的工具仅在固定时间向组织提供其支出总额，往往在事情发生以后。在这种情况下，当你意识到超支发生时，超支其实已经发生过了。假如你驾车只看后视镜，当你发现你要偏离道路的时候，你也许已经掉进沟里了。

随着现代工具的兴起，实现了几乎与时间同步的成本追踪，情况得到了很大改善。但是，即使在这种情况下，时间差依然存在。假如今天项目产生了一笔费用，但是供应商、生产商或其他方也许在一段时间内不会把费用算到公司身上。在这段时间内，你的公司也不会支出这笔费用。但当需要付款时，这笔费用账单才送到你的成本管理中心，加入你的预算或其他会计条目中，也许已经过了几个月。

幸运的是，现在很多项目计划工具都可以在项目执行中记录实际产生的费用（在过去，只有实验室可以做到）。网络或云工具甚至可以让项目团队成员自行更新数据——项目耗时、供给、费用等，项目经理能够实时查看更新的数据。项目经理用到的工具假如没有这种功能，项目经理常常会设计自己的电子表单或运用其他工具，从而随时了解项目耗时与费用的信息。理想情况下，借助这些工具，可以了解现在项目的进展。然而，现实却截然不同，人们往往不能及时更新数据，常常在项目周例会中专门收集相关状态信息。只有在成本和开支发生时想办法追踪这些信息，才能真正实现项目成本的管理与引导（而不是看着后视镜开车）。

做到以上这几点，最后当公司财务系统显示，发生的费用与项目成本中心账目或预算金额不一致时，作为项目经理就要保持账目的平衡，确保公司的所有开支都是有效且合理的。你的项目是否存在类似情况？对于任何一家大企业，数据更新错误屡见不鲜，也许大多数失误都是无意造成的。总之，要保持账目平衡。

>> 要点总结 <<

- 优秀的项目经理不专门生产系统，而是利用手头上的所有系统和工具，创造自己所需的系统和工具。
- 有效地制订成本计划需要从其他人那里收集信息。
- 有效地管理成本计划需要其他人的支持。
- 成本计划中如何获得准确、完整信息，成本管理中如何获得团队支持，这两个问题的关键是你的同事有何种观点和态度。

◇ 如果他们持第一维度的态度，他们的支持不会削减，从始至终。当然，天有不测风云，超支依然可能发生，究其原因，当属罕见。

◇ 如果他们持第二维度的态度，要考虑费用超支、通货膨胀费用等问题。

◇ 如果他们持第三维度的态度，要预料到产品会存在某些不足，预算上限问题（或时间、资源问题）将伴随整个项目。

◇ 如果他们持第四维度的态度，要预料到产品可能存在的不足：质量差，交付延期，成本超支。

要竭尽所能，培养项目成员朝第一维度的态度看齐。

- 项目成本计划制订过程中，要考虑以下情况。

◇ 使用当下数据，要考虑支出发生时还会产生哪些费用。

◇ 考虑历史信息，适时调整当下接收的信息。

◇ 假如费用信息是估算的，要确定估算值上下变化的范围，了解引起浮动的因素。

◇ 假如拿到的是合同价格，注意合同中可能引起价格变化的内容。要坚决控制合同价格的变化，因为这常是引起重大成本超支的原因。

- 学会使用项目计划工具制订详细的成本计划，追踪产生的费用。还要学会利用计划工具汇总需要追踪的数据。
- 对于公司账目中项目所产生的负债与实际支付金额不一致的情况，要做到收支平衡。
- 对于项目预算计划和成本，要沟通到位，确保符合组织的文化。沟通的方式不一定是完美的，但要让团队能懂，而不是让他们感到困惑。

第 12 章

项目的供应链方案

伦纳德·里德撰写的《铅笔的故事》发表于1958年。书中，作者将一支铅笔的构成分解开来。神奇的是，当作者完成一支普通铅笔的分解时，我们可以发现，这支最为常见的铅笔，其各个部分居然来自很多国内外的供应商。显然，复杂供应链管理是我们现有经验无法认知的。跨境贸易、国内贸易，以及其他你认为是现代的产物，都不是产自现代。自贸易产生之日起，它们就与人类相伴而行，丝绸之路便是佐证。从以上我们可以看出，产品制造少不了供应链管理：产品生产过程中，如何确定获取材料的方式、地点和时间？

供应链管理具有广泛的含义。其广泛的含义不仅包括项目，还包括一般商业运作、顾客服务、制造、库存策略、后勤等。我们不在此分析其包含的各种内容，我们将从实际出发，仅考虑与我们项目相关的“冰山一角”。

根据项目的定义，一个项目仅依靠我们的力量是不能完成的。因此，为了实现项目的最终目的，项目一般会牵扯很多人员、团队和组织。根据我们的需要，我们将项目中满足某种需求的东西称为“供应”（一般而言，供应商生产并提供供应物，既包括原材料，又包括服务，还包括供应商的产品）。另外，供应商也有自身的需求。他们的需求得不到满足时，他们也不可能满足我们的需求。因此，种种供应交织在一起，可以将之视为形成了一个链条，一个由供应物形成、支持项目各项活动的链条。

为了使项目各个部分的需求及时得到满足，我们应该考虑什么事情，这是我们关心的事情。为了确保这一点，我们需要做什么？简单地说，你的回答将决定你的项目供应链计划的好坏。

垂直整合的提示

如果你的公司进行了垂直整合，这意味着所有的供应商都是来自公司内部（均为公司的一部分）。运行良好、管理良好的垂直整合运营可以大大简化原材料的采购程序。假如一切都来自公司内部，对某些手续的要求就可以放宽。例如当公司的一个部门向另一个部门采购材料时，可能不需要律师，但是从外部采购材料，律师就必不可少。同理，我们可以优化供应链的特征和运营，可以开发出高质量的、对整体业务最有利的运营模式。

>> 福　特 <<

亨利·福特大概是垂直整合的典范实践者。他的经营范围很广，从煤矿到铁矿，再到橡胶厂，应有尽有。原材料从福特产业中的一端进去，生产加工成汽车零件，最后变成福特汽车。在这样的生产系统中，很容易知道所需材料的种类以及材料使用的时间和地点，因为理论上讲，这正是控制着整个生产链，以及为生产活动提供材料和支持的资源。凭借这种效率和运营方法，亨利·福特以可以接受的价格生产出当时最为复杂、质量最高的产品，并实现了批量生产，前所未有，令人难以置信。

并不是每家公司都能做成垂直整合。一些做得不好的公司，出现了以下问题：

1.（由于很多原因）整体管理架构变得头重脚轻。

2. 某些部门牺牲其他部门的利益，追求自身利益最大化。

3. 内部管理层对内部供应商过度自信。

- 指望内部供应商知道我们需要什么以及何时需要，即使我们没有明确告诉对方。
- 指望内部供应商随叫随到，认为这是他们应该做的。
- 对内部供应商的要求高于对外部供应商的要求。

4. 内部供应商认为，他们的内部客户必须接受他们提供的东西，因为他们别无选择。

- 成为某种东西的唯一提供者，理所应当的问题就出现了。
- 正如内部管理层对待内部供应商缺乏应有的态度，内部供应商也会参与度不高，进而造成质量低下、缺乏时间观念和成本超支。

无需多言，其意了然。假如我们边喝茶或边喝咖啡边讨论这些事情，我会拿家族系统打个比方，效率高的家族与功能失调的家族。但既然本书不是心理学书籍，我们不会要求你重新设计你的公司。但你仍然可以花一点时间来思考家族系统这个比喻，我认为帮助家族成员正常相处的原则，同样适用于不同供应链的管理。

采取平衡的策略

为了解决业务垂直整合管理中的问题，一些公司选择外部公司作为供应商，为其活动、任务、运营、分析等提供支持，而以前只允许内部参与。在某种意义上，这样倒逼公司要划清业务界限。采用外部供应商时，要清楚地描述需要什么、何时需要等问题。采用外部供应商的费用是明确的。因此，公司也就更加尊重外部供应商的时间安排。这就要求公司自我管理要更加严格。选择外部供应商是行之有效的，但是当有人不顾质量而仅仅唯成本至上时——其危害不言自明。

因此，什么需要外包，什么需要内包，什么需要自己生产，什么需要购买，必须找到一个平衡点，你的项目必须清楚这个平衡点。

现实中，作为项目经理，对公司的材料采购结构，你可能没有话语权。你的公司很可能已经规定了哪些材料需要从内部采购，哪些从外部供应商处购买，生产哪些产品，以及购买哪些产品。这时，你的项目只需要依照制度办事即可。假如你的公司要求某些业务必须采用内部供应商，但最终外部供应商满足了你的需求，你的项目可能引人非议，虽然这样你的项目也很成功。每个公司的结构均不相同，一些

>> 良好的关系是关键 <<

虽然所有项目、供应商和公司都有自身的特点，但是不管是内部、外部、远程或本地的供应商，有一些通用的最佳做法适用于所有供应商。这些最好的做法一般都有一个共同点：不管是内部供应商还是外部供应商，要以同样的礼仪对待。这意味着，要确保内部供应商提供清晰的产品规格（正如对外部供应商的要求一样），了解对方交付时间的要求，随时了解项目进度和问题，防止员工超负荷工作，等等。同样，要与外部供应商建立良好的关系（正如你同公司的同事建立良好关系一样），当问题出现时，你就会受益无穷——每个项目都会有这样那样的问题。

事情在这家公司板上钉钉，而在另一家灵活应变。要向治理团队、项目管理办公室以及采购部门寻求帮助，确保你的项目遵循这些现有规定。

如何制订供应链计划

我们把供应链计划的制订分为四个阶段。第一个阶段，我们把每个活动或任务拿出来单独考虑，但是要谨记一点：这个活动要做的事情，其他每个活动也必须完成。第二个阶段，是与一般供应商进行合作。第三个阶段，为了提高供应商提供信息的准确性，要考虑供应商的以往表现。最后一个阶段，要形成项目供应链计划，然后监督执行情况。

先让我们考虑项目供应链计划的归属问题。有些公司单独制订供应链计划，类似于项目计划。有的公司利用独立的系统、工具和方法管理供应链计划。还有公司将供应链计划整合到项目计划中去，能够展示供应链计划作为项目的一部分与项目计划的依存关系，毕竟供应商不到位，项目活动也无法开始。有的公司为了获得其他项目活动所需的物料，将供应链计划设计成了特殊的项目计划活动。所需物料的采购或生产可以成为项目计划中的一项活动。（我本人喜欢这一种，因为这样让我形成全局观，但这也是我的个人偏好，不一定适用于所有情况。）

最佳的方案取决于你的公司，取决于公司的运作方式、使用的工具以及对供应链计划进行跟踪和管理所采用的方法。你的项目管理办公室和治理团队能够向你提供公司运作的有用信息。采用外部供应商时，采购部门和法律部门可能也需要参与进来。

◎ 一项单独活动

在项目进程规划的章节里，我们讨论了活动的五个特点：有投入，资源消耗，按照标准执行，遵循方法，有产出。这里，我们重点讨论资源消耗的特点。

资源的含义广泛。在项目中，我们认为“人力资源”是项目活动的推动者，因此我们需要形成项目人员配备计划（第9章已经讨论）。

>> 使用的工具 <<

项目计划工具通常包括对日程安排中人力资源的管理、动态跟踪、平衡负载的功能（我们已经在第8章和第9章讨论过），但是对于非人力资源的管理并没有得到充分讨论。一些行业确实有这样的管理工具，可以将供应链问题集成到项目计划中，其方式与项目计划软件对人力资源负荷的管理相似。我还发现了一些自己开发的针对非人力资源管理的工具，以及改变通用产品功能的一些令人印象深刻的例子（例如，聪明地使用项目计划软件，虽然软件的功能并不是如此设计的）。有一些通用项目计划工具包含了供应链管理的功能，但是目前这样的工具并不常见。随着时间的推移，我相信拥有这种功能的项目计划工具将会越来越常见，但是总有些现成的工具、做法和习惯你可以用到。假如没有现成工具可以实现你想要的功能，作为项目经理，你需要想办法利用现有的工具实现想要的功能。所以，项目经理要有创新思维，创新在这里将会发挥重要作用。

资源可以是如下：

- 物料、原材料、不可或缺的组件；
- 生产设施；
- 特殊设备；
- 工具；
- 除了人力资源，公司所需、用来执行项目计划任务的其他材料。

这里要强调的是，你要找出每一项活动、每一个独立的任务需要哪些其他资源。何时需要这些资源？解决这些问题，较好的开端是去询问参与活动的人员。询问他们要让活动圆满成功，还需要什么？何时需要？

牢记计划谬误

人们往往会忽略完成一项任务必备的条件，任务执行中，往往对能获得的条件进行猜测。这就是计划谬误，在第8章中我们讨论过这个问题。解决计划谬误，必须找到任务负责人，询问他们在执行任务时需要哪些东西，前提是你的公司之前完成过此类任务。

假如任务是新的（或是老任务的新形式），可以不让负责人真正完成任务的各个步骤，而是要求他们在心中过一遍，在想象中进行彻底的演练。在每个节点，要将每一步骤所需的东西记录下来，还要记录及时获得这些东西的必要条件（需要联系的人员、产品交付的时间等）。每一个行业、每一家公司都有不同的关注点，通常项目管理办公室会有一套演练的模板。如果没有项目管理办公室，采购部门也可能帮得上忙。最后，特定行业的出版物也许可以帮助你的公司开发一些演练模板。

所有零件、物料、资源以及相关时间安排准备完毕后，要让每个环节的人员使用正式的形式提交需求。前面章节已经讨论过，将需求以正式的形式提出来，让人在材料上签字，能够让人反复审核自己的工作。此外，别人给你材料后，你要等上一两天，向自己的团队确认是否有最新变化，然后再做决定。让别人再多审核一遍材料。同级审核（让熟悉工作的人检查清单）也会有帮助。为了确保某件事做得彻底、完整、正确，你一般会考虑每件事情的标准做法。

知道如何做以后，你需要制订计划。你的公司是自己制造所需物料，还是购买物料？是由公司内部供应商提供，还是由外部供应商提供？生产项目任务所需的物料或产品需要多久，其实提出需求的人并不总是有清晰的概念。随着工作的深入，治理团队、采购部门、供应商和其他部门可能对物料的获得有不同的意见。相比需要某种物料的人，亲自参与物料生产的人（提供所需产品的人）对物料的交付时间会有更清晰的概念。计划中要将这部分内容考虑进去。

输入、标准和控制

项目活动定义中，我们把“输入”看作是一种单独的功能。但有时“输入”必须成为供应链计划的一部分。例如，也许有人会告诉你要进行活动ABC，他们需要对新增组件XYZ的性能进行分析。这种分析是输入还是供应的资源？我们可以在含义上争论不休，但是我们关心的并不是学术层面的细微差别。我们关注的是，输入需要提供给活动，为了让输入可用，需要做哪些准备活动。因此，要对输入进行计划。现在你是否明白，输入需要成为项目活动计划或项目供应链计划的一部分？问题的关键是要找到适合你们公司、环境或现有工具的做法。要确保项目对输入进行了计划。

以上关于“输入”的讨论，也同样适用于决定任务执行的“标准”或“控制”。也许任务要求使用最新的管理规范。也许对于这项任务，已形成了一套新的标准做法。有没有新的法律法规需要考虑？也许首先需要对参与任务的人员进行培训。在你的供应链计划中要增加内容，确保标准和控制是当下最新的，培训内容能够让人理解。在制订项目计划或人员配备计划等计划时，你要把所需的内容都导进去，并且要包含检查和确认步骤。经过这些步骤进行反复检查和确认，无论项目时间跨度有多长，你都可以确保项目质量。

提前期

当列出活动所需的所有物料清单时，你需要决定如何将这些物料带给实施项目的人。如果物料来自内部供应商，需要有一系列的活动来保障交付。如果物料来自其他部门（或外部供应商），而你所能了解到的只有需要物料的时间，交付日期需要至少提前几个工作日。这段时间叫做提前期。任何物料的生产或获得都有提前期。在你的项目计划中，要创建一个小任务，表示物料的提前期。不管使用什么方法，重要的是要在计划中考虑到提前期的问题。

◎ 与供应商合作

假如活动的物资来自外部供应商（或外部其他部门），你要让外部供应商（或外部其他部门）把物资的生产和运送当成项目做。同理，你要把项目中的系列任务拿出来，一并委托给其他部门或供应商，最后他们的输出变成了项目任务所需的输入（物资或资源）。本质上，你可以将活动物资的获取过程视为一个小型项目。

采用外部供应商的优势是，他们将你委托给他们的工作交给专人去做，对他们而言就像在做项目。这意味着，他们将以规范的形式管理你交给的工作：确定工作的明确要求、范围信息、质量标准、交付日期、交付要求、成本、定价限制等。甚至他们会考虑成立专门的治理团队，邀请你公司的代表参与其中。当然，他们的项目可能比你的项目小，因为他们的项目只是你项目的一部分。同理，你对公司项目的贡献也类似于供应商对你项目的贡献。当然，这取决于你给供应商提出要求的范围、大小和本质，但不论情况怎样，通常都有类似之处。

明确要求

这里要讲的重点是，外部供应商（如果他们够聪明）会尽可能明确地描述事情。他们会记录为你做的工作，还让你在上面签字。如果对外部供应商的要求发生变化，这时你需要让团队对变更设置限制条件，因为每次发生变更，通常会导致供应商价格的上升、交付延迟等问题。并严格要求变更的范围。若采用外部供应商，他们不接受任何变更，除非经过项目变更控制程序审批。要向他们明确变更的范围，这样的优点是：首先，可以减小范围蔓延的可能性；其次，由于变更经过了变更控制程序的审核，你可以容忍成本增加或项目延期，这样你的项目也不会因为这些问题而遭受处罚。

由此我们可以看出，在采用外部供应商时，第一时间就把项目要求以及相关细节弄清楚至关重要。对于供应商而言，不管是内部的还是外部的，首先向他们明确项目要求永远是最重要的。

>> 放手外包和微观管理 <<

若采用外部供应商，增加流程监督环节显得尤为重要。通常有必要提醒你注意以下问题。假如外部供应商出现了问题，你一定想在第一时间知道，这样就能早做打算。你还要将外部供应商的利益与项目的成败联系在一起，让他们成为你项目的一分子，让他们知道他们的贡献有多么重要。相反，若对外部供应商视而不见，不去联系，理所应当地认为所有事情会按约定时间进行，那么问题出现的概率将会增加。与外部供应商不断确认工作的进展状态，就能够避免很多问题。所以，要与外部供应商保持联系。

对外包工作不管不问，灾难将会随之而来，微观管理也是如此。要根据目前的形势、涉及的供应商以及社会关系，找到一个平衡点。

外部供应商可能倒逼你的团队形成以上这些建议的做法。这样既能帮助你，也能保护他们。然而，不是所有的供应商都能做到这一点。假如供应商的管理松散，没有任何限制条件，对事情的定义不清，解决问题时敷衍了事，通常这些都是问题产生的先兆。采用外部供应商的利弊显而易见，我们不再赘述。

当我们把工作承包给内部供应商时，由于某些原因，项目经理常常将最佳做法置之脑后。项目的要求常常不清不楚，工作定义不明不白，随着工作的开展不断调整工作的定义（参阅：未经监督的变更）。若一开始就放松某些工作程序上的要求，那么这些工作将很快出现问题。

用在一般外部供应商管理中的建议，也适用于内部供应商。要明确内部供应商承担项目工作的要求，对变更要有所限制，实时监督。条件允许的情况下，抽调内

>> 提　示 <<

这些好的建议永远不会过时，你也可以不照本宣科。结合你所处的特殊环境，采用对你公司有用的做法，尽可能采用这些建议。

部供应商的一名成员成为项目工作的迷你项目经理。并要定期了解项目的进展。

◎ 考虑过去的表现

财务规划师认为过去的表现并不能保证未来的成功。这是对的，因为没有人能够为未来作保证。但是一个人过去的行为确实与未来的行为有很大的联系。处理别人给你的信息时，你可以先搁置起来，看是否存在个人偏见。卡尼曼和特沃斯基将这个过程称为“去偏见”。

人们通常无法意识到自己的偏见。他们会固执地认为给你提供的信息是准确无误的，他们尽了最大努力。当然，你也可以做到更好，发现偏见。

改善信息准确性的方法之一，是根据别人的历史表现，“忽略”（或调整）别人给你的信息。例如，外部供应商曾经承诺一项工作需要耗时9周，而最后花费了12周才完成，多花费了33.33%的时间［（12 － 9）× 100 / 9］。因此，当对方再告诉你一项工作的工期是15周时，你需要将额外的33.33%加入工期，也就是给他们20周的时间。但是你不能把这一点告诉他们。

老话说：工作会填满分配的时间。不管你给他们多少时间，有些人做事总是拖拖拉拉，总有这样或那样的理由。所以在制订项目供应链计划时，要留有一定的变动空间，一方面你可以要求对方为交付日期负责，另一方面你为项目计划增加了自由浮动空间（假如对方按照以往的违约时间延误了工期，也不会对你的项目造成太大影响）。

道理也适用于预算编制和成本超支。无论你分配给供应商多少资金，供应商总能以这样或那样的理由超支一点（也许超支10%—15%，还不足以让你撕毁协议，但是所有小的超支将会累加起来）。要让对方为他们的言行负责，根据他们以往的表现制定预算（不要让他们知道，不然他们会越花越多）。

在折中方案中，如果没有历史追踪记录可以参考，该怎么办？这种情况有很大的不确定性。你可以参考别人的建议——但谁会给你坏的建议呢。你可以观察他们报价或预估价格时的处理过程。你还可以让他们负责一个试验项目（规模小一些），看他们在这个过程中如何表现。假如他们知道这个小项目是一个测验，在报价过程中他们一定会表现出最出色的一面。不过，如果测试过程中发现了问题，这意味着你有必要对他们给你提供的信息打折扣。

假如采用的是内部供应商呢？道理同样适用，但这样做比较敏感，因为治理团队监督着你的所作所为。采用外部供应商时，很容易解释设置变动空间的必要性，尤其在历史记录提供支持的情况下。也许你的治理团队中有人与你的供应商打过交道。所有的证据都能够支持你对供应商设置变动空间。但对于内部供应商，需要做不同的处理。

治理团队的人可能是提供给你信息的部门经理。你要修改他们提供的信息，他们本人的利益会受到触犯，他们会认为你在有意冒犯。你要注意到这一点。他们认为你这样做是对他们不敬，而不是为了他们好，这一点极为重要。假如这时你说：以前你们部门就拖了几周才交货，我才想着给你们一些喘息的时间。但这样做事情不会变好。你是在逼他们反复上门找你，为自己过去的错误辩护，没有人喜欢这样。

公司存在的根本是人。人有情感、心理、政治属性和人际关系，公司也有这些内容。如果治理团队要求你在项目计划和供应链计划中不考虑人员懈怠问题，而是要求供应商做到准时，你别无选择。你可以将治理团队的要求记录下来，假如产生了问题，你可以不受指责，获得原谅。说时容易做时难。你可以将懈怠、变化、自由浮动等问题隐藏起来。你的工作是成功完成项目，而不是深陷于办公室政治中，难以脱身。

记住，没有人是完美的。项目经理的部分职责是组织不完美的人员、流程、系统、材料、信息以及所有项目方面，创造我们个人无法完成的东西。要做到这一点，一种方法就是接受不完美。有时，在缺少信息支持的情况下，接受不完美就是不得不依靠直觉、经验、技术或智慧做出判断。要利用可用的信息，从你的团队那里获取信息，利用你自己的技能和经验，永远试着制订可以“容错”的供应链计划。

◎ 制订并监督你的供应链计划

收集完每个活动所需的相关信息后，你需要制订你的供应链计划（实际上，你有可能边制订计划边收集相关信息）。如何制订供应链计划，适用何种系统，都取决于你所处的环境。当然，你还得用上公司要求的工具。

我习惯列出项目计划中不同供应链环节的关键步骤，尽管有时会让工作量加倍。具体如下：

- 何时物料下单？
- 何时开始供应需求工作？
- 哪些提前期是重要的？
- 供应商何时完成自己的工作？
- 计划中何处会产生自由浮动？

这样我就可以把握全局。这样做的问题是，一旦内容需要修改，我必须修改两个地方：一是项目计划，二是正在使用的公司工具。例如，工厂都有自己的计划工具。某个机器完成某项任务需要一定的时间。如果工厂计划者更改了你计算的时间，你如何将这个变化同步到计划中去？多系统、多工具的同步经常出现问题，需要人为干预，才能实现自动同步。基本原则是：采用适合你和你所在环境的做法。

有了供应链计划，接下来你要做的是监督计划的执行，监管影响计划执行的因素。在所有流程中，要设置定期观察点。观察点不能太多，因为这样会增加额外的工作，拖慢项目的速度。但观察点太少也会给你造成麻烦。那么，怎样达到平衡？我们将在第13章“项目跟踪的频率”中展开讨论，其中的概念也可以应用于供应链监督。

>> 要点总结 <<

- 即使最简单的项目也会涉及需要管理的供应链。忽略这个方面，你的项目将不会成功。
- 最基本的供应链计划需要如此设计：
  - ◇ 查看项目计划所有的活动。
  - ◇ 为了确保每项活动的成功，需要什么物资？什么时候需要？
  - ◇ 制订计划，实现以上功能，确保计划的监督。
- 不论内部还是外部供应商，都要一视同仁，提供最好的条件，包括：
  - ◇ 明确要求；
  - ◇ 确保充足的提前期；
  - ◇ 限制变更，限于十分必要以及经过审批的变更。
- 外部供应商常常将物资和服务的提供当成小项目对待。他们正式的流程对我们而言很有帮助。

◇ 将这些流程应用于内部供应商。

◇ 如果供应商的管理松散，标准模糊，定义不明，没有任何限制条件等，要引起重视。

- 制订供应链计划时，依照实际产出，查看供应商的历史表现。去除偏见的过程可以提供有用信息，解释过去预估值与实际值之间的差异。要格外注意提前期、工期、成本估值等问题。
- 制订项目供应链计划时，有必要在项目计划中重点标记出不同采购活动、中间商活动和供应商活动的关键参数和观测点，尽管你的公司已有工具可以追踪这些内容。把所有注意事项写在一起，这样做十分重要。
- 在供应过程中，监督供应商。如果监督过于频繁，监督将成为累赘。而监督太少，将会形成新的问题。因此，你需要找到一个平衡点，在形成大问题之前发现问题。

第 13 章

项目执行：
跟踪、更新、汇报和验收

到此为止，你已经做了很多工作：

● 你正在做的工作，超越了普通人的个人能力。借助工具、流程、团队，你承担了一项个人无法完成的任务。

● 你已经明确了自己以及项目对公司的作用。

● 你已经组建了具有咨询功能的治理团队，帮助你成功完成项目。

● 你已经确定了项目的规模、要求、交付产品以及验收标准，已经制订了保障项目质量的计划，并得到了其他部门的授权和支持。

● 你已经找到了项目不同阶段最适合的生命周期。甚至在不同的阶段，你采用了不同的生命周期。你制订了执行计划，确保各项工作按时完成。

● 你制订了人员配备计划，为各项活动配备了合格的人员。

● 你制订了计划，明确了项目设计、制造或生产的产品最重要的组件和特征。关键特征包括产品的形式、适应、功能、款式（或设计的关键流程）以及设计的基础（项目产品设计的基础）。你已经确定了控制这些配置问题的计划或方法，同时，你还建立了变更流程，设计了变更审查，确保项目提出变更时，可以确定关键特征是否受到影响。

● 你已经将项目的成本责任落实到人。大家提供的成本数据看起来不错，他们都承诺会帮你管好项目，让成本控制在预算之内。

● 你已经确定各种物料和资源的获取方法，并且能够确保按时按需供应。

理想状态下，你已经将所有情况考虑在内，计划很周全，很完美，团队只需照此执行即可。当然，理想与现实总是有差距。

周密的计划

现实世界充斥着“自然变化”。在现实中，事情不可能分毫不差，毫无例外。世间万物皆有变数。实施项目计划时，你需要为项目活动、产品和性能标准设置能够承受的变化区间。即使这样做，仍然存在虽然项目各个部分都在可接受的范围之内（在能够承受的变化区间内），但项目整体效果不在可接受范围内的情况。那么，究竟应该如何设定公差以保证项目出现期望结果？

假如你开了一家诊所，诊断时间为30分钟（±15分钟）。有些病人看得快一些，只需要15分钟即可看完，但有些病人需要45分钟。如果医生给前一个病人看病多花了15分钟，那么后面的人不介意多等待15分钟，他们可以接受这样的结果。但是，如果医生在每个病人身上都多花15分钟，那么看完4个病人后，就要比计划拖延一个小时。尽管每个病人的看病时间都在可接受范围之内，但是诊所的整体运行情况却严重滞后于计划，令人难以接受。这些误差累积起来，最终让人无法忍受。

可接受的误差总是朝一个方向累积，这种现象叫做偏差。在项目实施过程中，偏差的后果非常严重。每个误差看起来都可以接受，不需要矫正。但是，随着偏差的不断累积，项目整体运行情况可能就像上面的诊所一样，严重滞后于计划，或严重超支，或质量低下。当你觉察到出现这样的问题时，就有必要重新评估项目，或者重新制订项目计划，或者与任务执行者一起调整项目。如果你发现了这样的问题，去咨询治理团队吧！

项目监督与重新规划

我们面对的问题不仅仅限于自然变数和潜在的偏差。每个项目都会出现无法预知的问题，总有意外会发生。这时就要靠项目经理想办法，让项目回到正轨上来。因此，项目经理必须对照项目计划、预算、质量目标和验收标准检查执行情况，提前解决潜在问题，将问题扼杀在萌芽状态。所以，一定要熟悉相关工具，利用工具做好项目监督和追踪。

当你发现偏差不断时，就需要决定是否有必要重新做计划。在重新做计划时，首先是不要偏离基准线，其次是要清楚必须重新做计划的根本原因是什么。在第14章，我们将探讨项目评估，其中，基准线、重新做规划的根本原因以及实际情况是重点内容。在项目执行过程中，对这三个方面进行评估，有助于项目聚焦既定目标，减少项目范围蔓延。在比较时，一定要参考基准线。这样你才知道事情偏离了多远，你才能决定是否需要采取一定的控制措施。

接下来，就是要让治理团队随时了解项目进展情况、存在的问题以及计划的变更。尽管所有变更都要走变更控制程序，但仍然要让治理团队了解项目的执行情况（我们将在下文详细讨论如何向上级汇报）。

最后，在确定项目需求时，交付的产品和验收标准也就确定了。当项目进展到后期，就必须确保项目可以交付符合验收标准的产品。在项目快要结束时，人们往往会争论，要不要再增加点内容进去？还应该包含其他工作吗？项目真的要结束了吗？如果产品已经交付，并且符合验收标准，这时就毫无疑问了，活儿已经干完了，这个项目就取得了令人满意的结果。如果验收标准有客观的衡量标准，就要在文件上签字，完成验收手续。在验收部分我们将详细讨论。

项目跟踪的频率

我们暂时先不考虑文化因素，这里我们先看看奈奎斯特频率（Nyquist rate）。哈利·奈奎斯特是一名电气工程师，在进行大量精密的数学运算后，他发现，要将模拟信号转化为数字信号，录制频率应至少是原始模拟信号最高频率的两倍。因此，为了复制时不失真，录制CD（或其他数字录音产品）时声音频率要大于40千赫，至少是人类能够听到最大频率20千赫的两倍。再回到项目管理上，我们要问的问题是，项目的各个任务变得有多快？

将奈奎斯特采样定理应用于项目管理，要做到在任务有重大变化时多检查，任务变化不大时做好监督/跟进就可以了，而且频率不能高。假如没有什么大的变化，不停地让对方提交详细的进展报告，实在让人反感。同时，可以加强监督，确保没有发生重大的问题，这样做比较合理。项目经理需要根据实际情况确定多久该检查一次。

注意：在本节之后的内容中，当我们提到“活动”时，我们是指“摘要活动”。要检查每个活动单元（如下所述），工作量可能过大。从整体把握活动，抓住关键点，更有用，更实用。你需要根据项目计划的结构做好平衡。

在摘要活动刚开始的时候，你要和负责人一起检查，确保活动顺利启动。在摘要活动结束后，要确保活动确实已经完成。在活动执行过程中，有哪些关键节点需要汇报进展情况呢？显然，在这些关键时间节点了解项目进展情况很重要。然后，应用奈奎斯特采样定理，在这些关键节点之间，不时跟进进展情况即可。

要求汇报的次数过多，会导致运营成本过高，进而给项目带来负面影响。汇报得太少，又会对活动失控。例如：

- 假如一项任务2月1日开始，2月28日结束，在中间，也就是2月14日有个重要的时间节点，那我们要在这三个时间节点进行检查。任务启动是否顺利？中期状态是否良好？最后任务是否完成了？
- 在上面那三个重要时间节点之间就可以应用奈奎斯特采样定理，在三个节点中间的7日和21日分别去跟进一下。在这几个节点，跟进只是为了确保没有问题产生而已。

两种监督方式

正如上面提到的，每次跟进的目的不同，所以形式可以不一样。有时需要调动整个团队开会讨论或汇报，有时只需要跟团队领导简单谈一谈。其他的跟进形式也可以，要根据实际情况设计。

我们的目标是从团队口中了解任务进展情况，而不是对团队进行微观管理，也不是妨碍团队的工作。跟进的目的是了解项目的进展状况，检查是否出现了问题，是否有其他需求，是否需要支持，避免严重问题发生。避免问题发生，就是解决问题的最佳办法。

◎ 以人为本

要牢记，人是工作的主体。他们是为了完成任务，而不是为了向项目经理提交报告。如果应用奈奎斯特定理后，发现你每天得检查一次，而实际上又没有发生什么重要的事情，那么你就做得过了。有些敏捷项目要求每日跟进，不过仅限于敏捷项目而已。不过，在这样的情况下，还是不要盲从。咨询一下团队领导，把检查事宜好好规划一下，既能让大家把工作做好，又能让你清楚计划的执行情况。这就是“以人为本”的方法，因为这种方法基于人和人之间的接触，基于承认人在项目中的作用。

◎ 分析法

项目经理通常还可以使用分析法来跟进任务进展情况。应用分析法，就是计算各项任务消耗的时间，与分配的时间进行对比，然后把任务耗时和进度情况与已经完成的任务进行比较。

这种跟进方法大多可以通过网络工具或云平台的工具自动实现，这些工具可以把汇报时间和团队的投入整合到大的项目计划中。即使没有使用网络工具或云平台工具进行项目计划，通常也可以手动输入这类数据。

计划工具通过比对任务实际消耗的时间与计划的时间，比对实际任务进度与计划进度，得出一些分析指标。概括来说，如果项目经理发现75%的工时分配给了该任务，但只完成了25%的任务，这标志着这项任务出现了问题。

理论上讲，分析法有很多优势。然而，这种方法的社会动力可能会造成成功的假象。因为分析法使用的是数据，反映的是一种绝对状态，而涉及人的事情往往不可能绝对。这种方法经常给出过于乐观的状态报告。比如，给一项任务分配了75%的时间，而执行进度恰好是75%。一切正常！但是报告中没有反映出来的是，剩下的25%可能最难。尽管对任务进行了实时跟踪分析，但这项任务实际上存在一定的问题。

所有任务追踪和监督的方法（人工监督和数据分析监督）都有其优缺点。如果两种监督手段同时使用，似乎可以取长补短。要与负责执行任务的人保持联系，这

> **>> 提防人为炒作的英雄 <<**
>
> 所谓“人为炒作的英雄”，是指那些制造了危机又成功化解自己制造的危机的人。如果人们因为化解危机而获得奖赏，而没有因为避免危机而得到回报，那么公司上下很快就会崇尚各种英雄行为，而不再有可靠的行动者。假如公司没有认可员工为避免危机发生所做的工作，那么化身英雄，化解（原本就是自己制造的）危机，享受赞美和认可，将更具吸引力。听起来可能有点不可思议，但是对于项目经理来说，“英雄”（特别是这类英雄）的存在可能是最可怕的噩梦，对于没有意识到这个问题的企业更是如此。

样可以了解任务的进展情况。与团队成员沟通，可以了解信息，使用分析工具则可以把了解到的信息量化。在与团队成员沟通时，有些信息可能不太明显，分析法可以帮我们推断清楚。而且，多与团队成员联系，可以建立良好的关系，有助于我们推断分析数据是否有意义。

让每个人掌握最新动态

我们从任务执行人那里获取信息，跟踪最新动态，同时，我们还要让团队成员随时了解任务的整体进展情况。如果要对计划进行调整，如果能够提前预警，告知团队人员计划调整的原因，那么团队的工作成效更佳。

关于“充分预警”，需要补充的是：要想象项目任务都有个“调整期”。在任务执行前需要准备，在项目结束后也需要调整。人们不会一下子就进入做事的状态。在做事情之前，我们先要认真考虑，先从思想上进入状态。任务完成后，我们也不能立刻从做事的状态里走出来。在开始进行下一个任务前，我们会经历“缓冲再调整”的阶段。有些项目经理在做计划时就已经把“调整期”考虑进去。有些任务开始前要进行特别准备，有个“调整期”就显得尤为重要。有些项目经理不会把“调整期”单独列出来，却只把“调整期”作为公司的惯例。不管设不设“调整期”，如果在过渡阶段推迟任务（在新任务开始后调整更糟），可能达不到预期效果。所以要尽量避免在“过渡期”推迟项目。

另外，要避免计划调整。团队成员看到项目日程后，将会根据项目计划来安排自己的生活，比如假期、其他工作等。而调整计划会无意之中给别人的生活带来意想不到的负面影响。尽管项目经理不是故意为之，但这些负面影响迟早会引火烧身（比如，团队士气低落、心怀不满、不尊重你等）。如果确实有调整计划的必要，要征得攸关方的同意。一定要让团队中的每个人清楚项目的进展情况，以便根据工作需要安排个人事宜。

调整计划会产生连锁反应，将影响人员配备、资源分配、供应链等计划，也可能影响预算。调整计划时，其他相关方面也要适时调整。

向上汇报的频率、目的、流程和展示风格

虽然不同公司的具体情况不同，但向上级汇报具有一些共同特点，向上级汇报包括向治理团队汇报、向其他单位汇报等。

◎ 汇报的频率

向上级汇报的道理与奈奎斯特定理相反。我们要从获取的数据中提取有用的信息（可以称之为信号），然后总结起来，把相关的结论和需求向上级汇报。因此，汇报性会议要少一些，汇报的信息必须很重要。

提前把报告交给治理团队审阅。这样，可以提高会议效率，在会上解决实质性的问题，如汇报有用的信息，寻求实质性的帮助，进行协调等。可以问问治理团队希望多久汇报一次。按照他们的要求汇报，总不会犯错。

◎ 汇报的目的

治理团队通常关注以下几个问题：

- 计划有没有延期？
- 项目支出是不是控制在计划范围内？
- 是否还有其他潜在问题？

在向上级汇报时要回答以上问题，并根据治理团队的要求提供相关内容。问问他们是否需要在汇报中增加其他内容。如果贵组织设有项目管理办公室，他们应该会提供汇报模板。

项目经理要明白，有些治理、管理或组织方面的事情已经超出了你的职权范围，而治理团队、管理团队及其他上级部门可以给我们提供这些方面的帮助。要清楚项目怎么才能成功，必要时要充分利用这些资源。在向上级汇报时，把这些内容都涵盖进去。

◎ 汇报的流程

关于如何有效组织会议，有很多指导性资料。你可以选一种，仔细研究，提高组织会议的能力。在向治理团队汇报时，至少要包含以下基本内容：

- 要明确会议目标。若目标不明确，坚决不要开会。
- 提前公布会议议程，里面写明会议目标。把汇报会议当成一个小型项目。会议目标相当于项目的范围或需求，会议议程相当于项目计划。会议的预期目标达到了，那会议就成功了。提前把会议内容发给与会者，可以让与会者提前做好准备。确保相关人员参会。
- 会议期间，要维持会议流程和秩序。根据参会者人数，合理控制会议的时间。
- 把会议的决定、任务、责任人等内容记录下来。会议结束后立即报送各位参会者，请他们修改确认。如果会议记录有错误，需要立即更正。公开发布的会议纪要不仅可以指导以后的活动，还可以给项目相关人员提供实践指导。

◎ 展示风格

汇报应该是商务风格，必须高效。这就要求汇报一开始就要阐明自己的分析结果和观点，并立刻说明自己的需求。在会议开始前，最好把汇报内容发给参会者审阅。如果所有参会者提前都同意你的请求，就没有必要进行过多讨论，那么会议可能几分钟就结束了。会议提前结束，没人会不高兴！

明确提出自己的观点后，就要解释背后的逻辑，必要时，还要使用数据支持。在汇报过程中，一旦治理团队明白了你的意思（或他们希望你换种方法），一般来说，他们会打断你。你可能突然听到他们说“明白了”，或者听到有人说“下面我们可以……”，或者“我们希望你能……”。然后治理团队会开始讨论下一个问题。不要因为被打断而感到不舒服。要记住，汇报不是个人秀，汇报是为了解决问题。

>> 金字塔原理 <<

我们所说的汇报结构是金字塔原理的简化版。简单地说，金字塔原理与传统的叙事结构正好相反。大多数人讲故事是从细节开始讲起，慢慢提出论点，最后才是点睛之笔。这样的方法适合在篝火旁讲神话故事，但是在商务场合，这样展示会付出昂贵的代价，造成大量的浪费，也容易引起困惑。不到最后，人们都不知道你想说什么，所以根本不知道该如何理解你传达的内容。听到同样的事情，不同的人的理解千差万别。

而根据明托金字塔原理，先要从主要观点讲起（也就是金字塔的顶端）。这样人们一开始就知道你要说什么。越往下讲，内容就越详细，就像金字塔一样，下面的每一层都比上面宽一些。在讲述过程中，如果大家达成了一致意见，就没有必要再做过多赘述，就可以转移到下一个话题了。

不管是给上级汇报，进行商务洽谈，还是做商业演示，很多企业经理人都会应用金字塔原理。很多项目经理发现，明托的理论有助于向上级汇报，有助于与上级沟通。

项目验收

项目收尾是整个项目中最难的部分。在项目快结束时，所有工作成果必须验收通过，这样项目才能真正结束。

假如项目执行效果不行，那等项目快结束时，将产生一大堆问题，比如，人们争议不断，工作尚未完成，质量低下，交付延期等。作为项目经理，没有比项目失败更糟糕的事情了。很多项目经营不善，导致专门形成了收拾残局、关停项目的业务，催生出“修补”项目的经理和顾问。

如果项目运行得好，大获成功，那么会发生一件奇怪的事情：人们不想让项目结束。总有人在最后一刻还在提要求。假如项目预算没有用完，用剩下的资金再多做点事，感觉理所当然。假如项目结束得早，人们总想用多出的时间再深入探索。这样的诱惑让人无法自拔，就像“塞壬之歌”一样，诱使我们总想锦上添花。不幸的是，尽管出于好意，但结果是画蛇添足，过犹不及。

从失败中攫取胜利，宛如从老虎嘴里拔牙，令人难以置信。但是，如果我们肯花时间仔细分析，不难发现其中的因果关系。项目的成功，在于长期的规划，不懈的努力，全体人员肯动脑子，执行不打折扣等。项目如果运行得好，那么成功好像是很自然的事情。所以，人们总抵不住诱惑，想趁机更上一层楼。在项目马上要结束的时候还突发奇想，根本不会让项目获得更大的成功。假如我们坚持要锦上添花，那么我们不得不想想，这是会给项目带来帮助，还是会让先前的努力付诸东流，最终导致项目一败涂地？

我个人的看法是，在项目快收尾时，要抵制住“塞壬的诱惑”，不要试图锦上添花。要严格遵循项目的原定要求，遵守变更控制流程。在项目即将成功时，突然偷偷加入其他内容，对于项目而言十分危险。如果这些内容非加不可，最好用于孵化下一个项目。就让手头上的项目按期结束吧！

那么，如何验收项目的各项工作？如何结束项目？

在第5章，我们探讨了如何界定项目的范围。其中，最关键的是明确验收标准，验收标准要尽可能精准、明确。验收标准越具体，越量化，越客观，情况越好。此刻就需要问自己，项目满足验收标准了吗？

如果我们在这个问题上莫衷一是，会引起很多麻烦。首先，我们相信所有工作都满足了验收标准，但负责验收的客户、顾客和其他验收人员会从自己的角度来解读（就像我们自己也是从自己的角度解读验收标准一样），而且往往对自己有利。他们可能会要求团队承担额外的工作（但是不会追加资金）。

项目范围文档要精准、清晰、可测量、客观，这样的文档将成为我们的得力助手。如果在项目开始前就把文档写好，让团队所有的工作都围绕验收标准展开，那对于顺利验收，我们胸有成竹。我们只需要客观呈现验收结果和数据，说明项目已经达到验收条件即可。在验收报告上签字应该是走走形式而已。

各个公司都有独特的项目验收规范、手续和惯例。与治理团队加强合作，共同安排好项目结项会议、验收汇报会，组织好产品交付等相关活动。根据实际情况，以合适的方式结束项目。

>> 要点总结 <<

- 没有完美的计划。人们会偏离计划，事实与计划不符，每个项目总会产生各种问题。

- 跟踪任务和活动执行的频率要适当，以便我们可以准确地反映项目的执行情况，但同时也要避免频率太高，给团队造成困扰。为了找到一个合适的平衡点，需要知道任务内容的变化速度，要对组织的运行保持敏感。
- 监督的目的是在问题形成之前找到问题的症结。最容易解决的问题是我们避免的问题。
- 利用以人为本和分析的方法跟踪项目的进展，并总结项目的状态。
- 谁是公司中得到奖励最多的人？是人为炒作的英雄，还是行动者？让我们的项目团队得到最多的奖励。
- 确保每个人了解项目进展。
- 需要作出项目变更时，要得到攸关方的同意。尽量避免变更。
- 向上级汇报要讲效率和效果。将金字塔原理作为一种改善商务沟通和演示的方式。
- 项目接近尾声时，要借助记录着精准、清晰、可测量、客观的项目范围和要求的文档。
- 项目验收要签字确认，结束项目，不让项目继续进行。若要增加更多的特点、内容，可以将这些内容用于筹备下一个项目。但是对于本项目，要根据项目的定义，坚持项目的要求和范围，直到成功完成。

第 14 章

项目评估、总结吸取经验教训、改进未来项目

项目改进不可能一蹴而就，必须一个项目接一个项目逐步提高。

——约瑟夫·M. 朱兰

想象一下这个场景：现在是清晨，你半睡半醒，顺着登机通道拖着脚向飞机走去。等待登机的人们都很轻松随意，有的在打电话，有的在聊天，有的在认真阅读，有的只是呆呆地盯着前面的队伍。等你快走到飞机跟前的时候，你从登机通道的窗户往外看去，你看到一群人忙忙碌碌但有条不紊地做着准备工作。有的在往飞机上装行李，有的在给飞机加油，有的在检查飞机设备，有的正推着车往飞机上送食物——一个小时后，你将享受到这些美食。这时到了舱门，乘务员打断了你。她们脸上挂着职业微笑，和你打招呼，问你坐在哪里。你一抬头，看到她们的同事正在她们后面忙碌着，摆好咖啡壶，固定好推车，关上厨房门。你往驾驶舱里瞥了一眼，看到了密密麻麻的仪表和开关。一个飞行员念着检查清单，另一个一一重复、检查。你还听到了警报声，原来正在测试警报系统。当你费劲地朝座位走去，一个维修工从你身边挤过，手里拿着一个写字夹板，准备请飞行员在上面的表上签字。这时，你找到了座位，坐了下来。舱门关闭，空乘人员开始介绍如何系安全带。你心想，谁还不会系安全带呢？然后，空乘人员在过道里来回穿梭，检查安全带，告诉大家收起桌板，不要在脚下放东西。接下来，飞机起飞了，爬上云端，攀升到一万米以上的高空。很快，飞行就结束了，但实在是太无聊了，好像飞了很长时间。最终你安全降落了。当你走出大厅，见到了接你的人，你们彼此寒暄。等坐上汽车，朋友问你："路上怎么样？"你耸了耸肩，回答道："也就那样，平平常常。"

事实上，你刚刚觉得很平常的事情也就是坐飞机，生活中可再没有类似的事情。仅仅在美国，这样的事情每天都会发生千遍万遍，我们并不觉得稀奇。但是，要确保飞行顺利，所需的保障工作复杂到令人咋舌。正如我们所见，一个小小的项目只需要协调几件事情，就已经非常复杂，困难重重，充满挑战。

再看看我们在这次飞行中观察到的事情。行李放置要适当，要考虑机身的中心，要确保机身平衡，否则飞机飞行会不平稳。货舱门安全关闭很关键，如果货舱门在飞行中被意外打开，那这次飞行肯定够糟糕的。飞机有特别的加油程序，要避免在飞机起飞前产生静电，以防引起火灾、发生爆炸。食品柜里的物品必须固定好，避免在起飞时，或者遇到气流后，四处乱飞伤害到人。维修人员要严格遵守固定的模式和流程，以确保所有螺栓都拧紧了（就是打个比方）。播放安全视频，空乘人员做各种检查（有时你可能觉得挺讨厌）都非常重要。如果出了问题，这些步骤可以挽救你的生命。最后，飞行员们一边开着玩笑，一边对照清单一一检查飞机上的仪器，而且机组人员还要一一确认。只有严格遵守这样的流程，才能确保飞行员可以操作这个复杂的机器。

像航空公司一样检查项目

现代航空业保障飞行安全的其中四点可以直接用于改进项目：检查清单，团队合作，注重系统和流程改进（而不是惩罚雇员），在问题发生前就发现并解决问题。

大约在1935年，驾驶现代飞机是一项非常复杂的任务，仅仅通过培训很难掌握驾驶技能。如果不借助外力，在面对如此复杂的任务时，任何人都不可能有百分之百的把握。即便接受过最好的培训，这样的复杂性也会把人吓着，让人无从下手。要安全飞行，飞行员需要考虑很多因素（这些听起来是否有点耳熟？还记得项目的定义吗？当时我们就讲过，不借助其他工具，单靠一个人是无法完成一个项目的）。

因此，飞行员的检查清单应运而生。根据过去的经验、教训和解决问题的方法等，人们提出了标准的操作方法，做成检查清单，指导飞行员正确操作。检查清单的出现，引导航空业走进了新的时代。

即使有检查清单，一个人可能还是会手足无措。因此，大型航空公司通过团队协作来保障飞行安全。不但重要的事情要有两个人确认，而且整个飞行团队要协同合作。

当飞机出现问题（比如坠毁、失灵、故障），事故调查时大多不会惩罚个人。航空调查革命性的意义在于，承认问题的产生本身就是问题所在。有时，加强培训有助于避免问题的发生，所以航空业修改了教育计划。但是，我们必须承认，加强培训有其局限性。即使有人犯了错误，航空调查关注的是如何改进流程、提升设备性能，以有效避免同样的问题再次发生。个人的不足是没有办法弥补的，但是在小失误变成大问题之前，会有一个过程。把这个过程阻断，才能防止小失误变成大问题。

最后，大的航空公司往往会更进一步鼓励员工找出可能引发问题的因素，就算这些问题不会导致飞机坠毁、失灵、发生故障。对于航空公司来说，最重要的事情就是团队合力避免未来发生问题。

我认为，这四点——检查清单，团队合作，系统和流程改进（而不是惩罚雇员），在问题发生前解决问题——具有开创性的意义，能让个人超越自我，吸取先辈和同辈的智慧。牛顿曾说："如果说我比别人看得更远些，那是因为我站在了巨人的肩上。”如果善于使用检查清单，善于团队合作，使用别人提出的流程，吸取别人的经验教训，那飞行员就是站在巨人的肩膀上了。

>> 清单革命 <<

关于检查清单的研究著述颇多，作为项目经理的你可以借鉴一些清单类书籍，应用于项目管理。类似地，关于检查清单的描述也适用于各种表单、模板、流程和程序。

因此，作为项目经理，我们从哪里获得清单、流程以及精心设计的表单、模板和程序呢？这些东西从哪里来呢？这几个问题可以在本书前几章中找到答案。

- 项目经理的评估对组织有什么作用呢？
- 如何才能避免偶然性，变得越来越优秀呢？如何才能让我们的项目像商业航班那样，虽然程序繁琐，但却总能大获成功呢？

项目评估适合放在哪个阶段

项目评估大多数放在项目结束时，不过项目评估需要的信息大多在项目实施过程中就收集齐了。此外，还可能需要趁着熟悉，对项目的某个部分、某项活动或某个任务验收审查。

如果贵组织有项目管理办公室，他们可能已经明确了评估的框架、基本原则和时间安排。评估的叫法可能略有不同，例如“教训”“事后调查”“项目审查”“项目反馈”等。叫什么并不重要，公司的目的是一样的，就是评估项目的执行情况，以便改进后续项目。

◎ 项目评估需要多长时间

这就涉及一个更大的话题——“组织裕度”。一个组织应该空出多少时间（好像是没有效率的时间）来促进创新，加强学习呢？对此大家可能给出不同的答案。但是可以肯定的是，我们需要在项目结束时预留一点时间，用于项目收尾、相应文档撰写以及结果文件归档，以方便日后查找、使用。请求在项目结束后进行评估，就要与组织对组织裕度的理解挂钩，因为尽管我上面讲了那么多，并非所有组织都觉得项目评估有用。如果贵公司有项目管理办公室，他们可能会替你把这件难事做了。如果没有项目管理办公室，那就需要跟治理团队沟通，预留一定的评估时间。

至于首次评估的时长，我喜欢预留项目周期的5%（四舍五入）。例如，项目周期为50周，5%即2.5周，四舍五入就是3周，在项目结束时预留3周时间进行项目后评估。首次评估之后可能会引起其他“连锁反应”。但一定要搞清楚，首次评估的目的是找到问题，而不需要解决问题。根据评估结果，可能还需要单独处理、解决问题，并进行收尾。发现的问题有难有易，所以有些问题能快速得到解决，而有些问题就需要花大力气，这就是将分析问题和解决问题分开的原因。

◎ 常见的评估目标

我们可以这样陈述：

- 哪个环节出了问题？为什么？
- 哪些方法取得了良好的效果，并可以用于其他项目？

- 找出在时间、成本、供应商的要求、分组等方面，实际情况和计划是否存在显著差异。存在差异的原因是什么？哪些合作方很可靠，实现了预期目标？
- 还可以采取哪些办法处理问题？
- 如何修改现有的表单、清单、模板、标准、工具或流程，以备未来之需？
- 组织调整会有用吗？组织的建议有所帮助吗？

项目管理办公室有专门的清单和指南，但是如果没有，我们可以根据项目经验，参考以上内容制定所需的评估流程。

项目经理往往已经掌握了评估所需的大部分数据。不过，项目各环节都离不开团队的共同努力。项目经理的观点可能与其他人的观点截然不同。所以，要安排时间，听取团队成员，尤其是进展不太顺利的项目负责人的意见和建议。

>> 谨言慎行 <<

在某些组织，收集项目出现的问题可能是个非常敏感的话题，收集到的信息可能会被别有用心的人使用。假如有项目管理办公室负责收集、存储信息，那么这个工作就交给他们来做。假如没有项目管理办公室，项目经理的保密意识和职业道德就变得至关重要。要记住，项目评估的目标不是找别人的错。当然，有时人确实是问题的症结，但是人也有很努力却失误的时候。我们要相信没有一个团队成员会故意破坏项目。总之，评估的目标一定不是责怪某人，而是就算有人员因素，也要找到解决方案，减少问题再次出现的可能性。总的来说，指责某人没有用，所以说话要谨慎，把重点放在解决方案上。

以奥林匹斯项目为例

假定我们的项目叫做奥林匹斯项目。在推进项目的时候，你通过查阅资料注意到，采购部门一个叫“刻罗涅”的同事，她的订单经常会拖延2—4星期。另外，一些员工经常在家办公，很难把他们叫在一起开会。但通过邮件总能联系到他们，他们一直在线。在这种情况下，可能会发生以下几种事情：

1. 你把这些情况放到自己的经验库里。如果采购部派刻罗涅处理采购，那么到货时间总是比计划晚2—4周，而且刻罗涅喜欢通过邮件沟通，所以，不要指望她参加线下会议。

对于一个项目经理而言，注意到这个问题就够了。你已经了解了情况，有了和她合作的经验，而且有办法避免问题的发生。项目不会受到影响。如果你只做到这一步而没有继续深入分析，那可能有人会指责你，认为你没有抓住问题的关键。

2. 负责所有部门工作的大老板（宙斯）也注意到了这个问题，他对刻罗涅的表现不满意，解雇了她，不让她参与项目。

这也许还不是最坏的情况。

3. 假如采购部的领导觉得刻罗涅还行，虽然她在交付日期方面总是过于乐观，但她可以完成任务。虽然她总在家办公，但从不请病假，随时都能联系上，而且她和昌古岛上的一个供应商的关系十分好。但你的数据把现状打破了。这样，你就得罪了采购部。但是以后的项目还需要采购部的支持。如果得罪了他们，今后你还能得到支持吗?

4. 即使你认为你的结论有充分的事实依据，但刻罗涅蒙受了损失，所以可能会引起劳务纠纷。刻罗涅会认为你没有将所有因素考虑在内。例如，刻罗涅使用的系统仍然要经过财务部门的最终审核，而走流程导致了两周的延期。但是你不知道这一点。刻罗涅觉得很委屈，被人无端指责，还要丢掉工作。

这只是一个臆造的例子，但是重在说明，当你在记录项目经验教训时，要考虑现实、政治、社会、组织甚至法律等方面的因素。在你眼里是客观事实，别人可能觉得受到了冒犯。关于此，组织可能有具体的指导、政策和指南。

有些组织在年底绩效考核中也确实会用到项目评估信息，人力资源部会参与评估。关于个人考核信息的记录、评估、审查、保密等问题，人力资源部有具体的操作指南。

再强调一下：对项目经理而言，项目评估不是个人失误的评估。相反，项目评估应该关注整个项目过程，将人为因素考虑在内（谁也不可能百分百完美无瑕），思考如何整体优化流程。以上面的例子为例，真正的问题不是刻罗涅有问题，而是在与采购部合作过程中存在提前期问题和延迟问题。因此，需要调查产生交付和延迟问题的根源。在发现问题的根源之前，要根据采购部门提供的估值提供一定的缓冲时间，从而妥善管理采购交付存在的差异。

上面我们关注的就是流程的问题，而不是人的问题。采购部门对你提供的结果可能仍然持有异议，因为你没有找到问题的根源。在这个例子中，根源是与财务对接的问题。只有找到问题的根源，才能与合作部门沟通，提高工作效率。

偶然成功的项目经理与必然成功的项目经理

对于新上任的项目经理而言，如果一个项目取得圆满成功，那恐怕再糟糕不过了。请听我解释。我们当然都希望项目成功，但是如果过于圆满，我们可能并不清楚项目为什么会成功。接下来，你将被委以更大的项目，项目越做越大，最终接到超级项目。最终，不可避免的问题还是发生了。因为你没有通过解决一个个小问题锻炼出处理问题的能力，所以此时你根本不具备处理重大问题的能力。

相反，对于新上任的项目经理而言，最好是历经各种困难的磨炼，比如小事故，轻微的冒犯，让人为难的监督，让人会心一笑的混乱（虽然混乱看起来更糟糕），以及其他不顺利等种种考验。在处理这些问题的过程中，可以提高你处理问题的能力，你会变得更有远见，而且还会使用并优化各种清单（表格、模板等）、方法、工具，这些东西对于未来承担项目具有重要价值。

这可不是用来糊弄你的老生常谈。励志海报和商界是两码事。如果你搞砸了第一个项目（或任何一个项目），商界可没那么仁慈，你的职业生涯可能因此戛然而止。所以，每一个项目都要全力以赴。我们要学会利用身边的资源，向和你共事的其他项目经理、项目管理办公室，以及项目治理团队求助，获得他们的指导。

不过，所幸几乎没有哪个项目会彻底失败或百分百成功。在这两个极端之间就是常见的灰色地带。在管理项目时，所有的“意外”都会成为你成长过程中最宝贵的财富。当我们寻找解决方案时，要抓住这些时机，为未来奠定基础。项目评估之所以重要，原因就在于此。评估能够帮你打好基础，助你成为合格的项目经理。通过一次又一次的项目评估，你可以不断改进技巧、流程、方法、工具。最终，你的项目会像商业飞行一样，程序繁琐但最终毫无波澜，安全着陆。

>> 要点总结 <<

- 当我们发现了问题，只想责怪哪个人并不能改进项目。相反，找到我们能做的事，在未来避免类似的问题再次发生。
- 典型的项目评估目标包括：
  - ◇ 哪个环节出了问题？为什么？
  - ◇ 哪些方法取得了良好的效果，并可以用于其他项目？
  - ◇ 供应商、组织、部门和人员的跟踪记录是什么？
  - ◇ 解决问题的替代方案是什么？
  - ◇ 如何优化当前的表格、清单、模板、标准、工具或流程？
  - ◇ 组织的变更和建议是否有用？
- 与项目管理办公室共同组织项目后评估。若无项目管理办公室，与我们的治理团队一起制定符合组织情况的指南。
- 保密和职业精神是至关重要的。对原始数据进行保密。
- 组织中的个人可能是一个问题产生的过错方，但是他们不是系统出现问题的罪魁祸首。
- 持续关注可以优化的系统问题。确切来说，包含以下内容：
  - ◇ 问题逐步产生的事件链；
  - ◇ 清单（流程、表单、模板等）；
  - ◇ 应用的流程；
  - ◇ 设备和工具；

◇ 沟通工具；

◇ 团队角色和职责的定义；

◇ 技巧和培训；

◇ 组织强化；

◇ 补偿方法等。